EU VOU TE ENSINAR A SER RICO

CARO LEITOR,
Queremos saber sua opinião sobre nossos livros.
Após a leitura, curta-nos no facebook/editoragentebr,
siga-nos no Twitter @EditoraGente e visite-nos no site
www.editoragente.com.br.
Cadastre-se e contribua com sugestões, críticas ou elogios.
Boa leitura!

EU VOU TE ENSINAR A SER RICO

Três passos simples para quitar
as dívidas em doze meses e construir
a sua liberdade financeira

BEN ZRUEL

Diretora
Rosely Boschini

Gerente Editorial
Marília Chaves

Assistentes Editoriais
César Carvalho e
Natália Mori Marques

**Editora e Supervisora
de Produção Editorial**
Rosângela de Araujo Pinheiro Barbosa

Controle de Produção
Karina Groschitz

Preparação
Balão Editorial

Projeto Gráfico e Diagramação
Vanessa Lima

Revisão
Vero Verbo Serviços Editoriais

Capa
Vanessa Lima

Imagem de Capa
Happy Stock Photo | Shutterstock

Foto da orelha
Isis Lacombe

Impressão
Assahi

Copyright © 2016 by Ben Zruel
Todos os direitos desta edição
são reservados à Editora Gente.
Rua Pedro Soares de Almeida, 114,
São Paulo, SP – CEP 05029-030
Telefone: (11) 3670-2500
Site: http://www.editoragente.com.br
E-mail: gente@editoragente.com.br

Dados Internacionais de Catálogo na Publicação (CIP)
Angélica Ilacqua CRB-8/7057

Zruel, Ben
    Eu vou te ensinar a ser rico : três passos simples para quitar as
dívidas em doze meses e construir sua liberdade financeira / Ben Zruel.
- São Paulo : Editora Gente, 2016.
    160 p.

ISBN 978-85-452-0105-2

1. Finanças pessoais 2. Dividas pessoais 3. Riqueza I. Título

16-0582
        CDD 332.024

Índices para catálogo sistemático:
1. Finanças pessoais 332.024

AGRADECIMENTOS

A construção de um caminho se dá através de muitas etapas. Momentos vividos, pessoas que transformam nossa maneira de pensar e agir, enfim, são um emaranhado de fatos no qual, em um primeiro momento, não vemos propósito – sequer sabemos qual fim terão –, mas que acabam nos revelando grandes descobertas, prazeres e aprendizagens.

Este livro é o resultado da minha trajetória que teve início em Israel e continua no Brasil até hoje.

Quero agradecer primeiramente aos meus pais, a minha irmã Liza Arzuny e toda a minha família. Amo vocês.

Agradeço as pessoas que estiveram comigo nos momentos mais difíceis da minha jornada, me dando a mão e mostrando o caminho, como meus mentores Gabi Zohar e Eran Shiller.

Gratidão especial a Pedro Cardoso que, por meio de conversas poderosas, me incentivou e me mostrou a importância desta obra na vida de muitas pessoas.

Parte do que sei hoje é um reflexo dos ensinamentos que recebi de toda a liderança de minha empresa. Eu não conseguiria citar os nomes de todos, mas eles estão aqui representados por líderes como: Vinicio Coppo, Margot Park, Carlota e José Batista, Rita e Paulo Carneiro, Nazaré e Nuno Miranda, Martinha e Jaime Kosman, Tal e Orly e Eli Elimelech.

Também sou grato aos meus grandes mestres Jim Rohn, David Menezes, Fabio Fugihara, Elena Klein e Mario Fugihara, por me transformarem de uma pedra bruta em um diamante.

Deixo aqui registrada minha gratidão a Cleverson Daleffe, que me deu um empurrão para ir tão longe.

Agradeço a tantas pessoas extraordinárias que, ao longo de minha caminhada, se tornaram não só grandes amigas como parte vital da minha família aqui no Brasil: Ana e Marcio Pasqua, Flávio Gimenez, Emanuelle e Claudinei Daleffe, Rita Angélica, Valdenir Maciel, Beatriz e Murilo, Einat e Ran e Liza e Noam.

Quero agradecer imensamente aos meus queridos amigos que dedicaram o seu tempo para contribuir com o livro: Gutto Bressane, Ana Elise, Marina e Deivid Hortolano, Inácio e Fabricio Yabiku.

A todo o meu grupo que luta pelos mesmos sonhos que eu.

Na construção deste livro, recebi contribuição e suporte incríveis de pessoas como Rosely Boschini, Marília Chaves e toda a equipe da Editora Gente. Vocês realmente são exemplo de profissionalismo e amor por aquilo que fazem.

Quero deixar um agradecimento especial para o meu padrinho de coração Roberto Shinyashiki. Sem a sua extraordinária visão, esta obra não seria escrita tão cedo.

E, por último, agradeço a você, meu leitor, pela confiança que me deu para ajudá-lo a construir a sua liberdade financeira.

PREFÁCIO

Por Roberto Shinyashiki

Quando li o livro de Ben Zruel lembrei de uma história que mudou a minha vida e eu espero que mude a sua também. Eu aprendi este conto no Himalaia.

Contou-me uma mestra que pai e filho caminhavam em silêncio por uma trilha na montanha. De repente, o menino caiu, machucou-se e gritou:

– Ai!

Para sua surpresa, ouviu sua voz se repetir em algum lugar da cordilheira:

– Aiiii...

Curioso, perguntou:

– Quem é você?

Recebeu como resposta:

– Quem é você?

Contrariado, gritou:

– Seu covarde!

E escutou:

– Seu covarde!

Gritou mais uma vez:

– Seu perdedor!

Escutou:

– Seu perdedor!

Em seguida, olhou para o pai e perguntou, aflito:

– O que é isso?

O homem sorriu e disse:

– Meu filho, sente-se ali e preste atenção. – Então, o pai gritou em direção à montanha: – Eu amo você!

Os dois escutaram:

– Eu amo você!

– Eu admiro a sua garra!

A voz respondeu:

– Eu admiro a sua garra!

De novo, o homem gritou:

– Você é um campeão!

A voz repetiu:

– Você é um campeão!

O menino ficou espantado e perguntou:

– Pai, o que é isso?

E o homem explicou:

– As pessoas chamam isso de eco, mas, na verdade, isso é a vida. Ela sempre devolve o que você lhe dá. Para mudar as palavras que ecoam ao vento, é preciso mudar as palavras que saem do seu coração. Da mesma forma, a vida é também como um espelho. Não adianta quebrá-lo quando ele mostra um rosto de que você não gosta. Mude seu rosto, suas atitudes e ações, para que sua vida seja do jeito que você gostaria. Nossa vida é simplesmente o reflexo, ou o eco, das nossas ações.

Se você quer mais amor no mundo, crie mais amor no seu coração. Se você quer mais competência de sua equipe, desenvolva a própria competência. Tanto no plano pessoal quanto no profissional, a vida vai lhe dar de volta o que você deu a ela.

Sua vida não é uma coincidência – é consequência do que você é e faz. Tem a sua cara e é exatamente do tamanho da sua visão do mundo.

Se você quer ser rico de verdade mude a sua relação com o dinheiro! A causa das dificuldades financeiras de uma pessoa não é a economia, o chefe ou os clientes.

Não adianta achar que a vida é injusta, que você ganha pouco ou que a crise é brava demais e não tem como juntar dinheiro diante de tão alta inflação. Nada disso! Ben Zruel realmente vai ensinar você a ser rico, mas muito mais do que isso: ele vai lhe mostrar o espelho das suas ações e você nunca mais será o mesmo depois de ter essa visão.

Uma coisa que aprendi ao longo desses anos de experiência, especialmente em contato com donos de empresa e presidentes de grandes corporações, é que a vida de fato é um eco das nossas ações, e que dinheiro, mais do que qualquer coisa, não aceita desaforo.

Eu lhe convido para rever a sua vida financeira sem precisar se perder em taxas e contas, eu lhe convido a seguir um programa de apenas três passos e que pode tirá-lo de qualquer dívida em não mais que doze meses. Entenda de uma vez por todas que dinheiro não é matemática, dinheiro é conhecimento e autoanálise.

Todo mundo sabe que existe gente que ganha muito pouco e faz muito, assim como existe gente que ganha muito e está sempre endividada. Qual é a diferença entre essas pessoas? Saber ser bom de dinheiro é ter conhecimento completo sobre a sua situação financeira, seu padrão de vida e o que fazer para que o dinheiro trabalhe para você.

O autor desconstrói a noção de que para ter traquejo com dinheiro precisa ser herdeiro ou investidor. Ele, assim como você, não saiu de um berço de ouro, nasceu em Israel e chegou ao Brasil praticamente sem dinheiro e se tornou o presidente de uma grande empresa. O método simples e eficiente que ele ensina neste livro o tornou independente financeiramente aos 34 anos – sabe o que isso significa? Ele investe o suficiente para não precisar trabalhar a não ser que queira. Você consegue imaginar uma vida em que o trabalho não é obrigatório porque você está financeiramente preparado para o que quer que aconteça? Hoje Ben dá palestras nacionais e internacionais e já ajudou centenas de pessoas com a sua consultoria em finanças para que elas também sejam livres.

A abordagem de Ben Zruel me encantou por ser um livro que, imediatamente ao ler, eu já imaginei que poderia presentear duas ou três pessoas próximas e que precisam urgentemente do seu direcionamento e da sua sinceridade.

Assim como entregaria este livro para elas, eu o entrego agora a você, leitor, porque espero que você ao final da leitura possa dizer com confiança "eu sou bom com dinheiro".

SUMÁRIO

CAPÍTULO 1
Você já perdeu o sono pensando em dinheiro? 13

CAPÍTULO 2
A primeira coisa que você precisa saber sobre dinheiro 31

CAPÍTULO 3
Ou você toma uma atitude ou a vida toma por você 41

CAPÍTULO 4
Você precisa *SABER* o que está acontecendo 55

CAPÍTULO 5
As regras que ninguém lhe contou sobre dinheiro 71

CAPÍTULO 6
Conquiste a liberdade financeira 101

CAPÍTULO 7
Em doze meses, você pode mudar tudo
– não importa o tamanho da dívida 145

CAPÍTULO 8
A liberdade de viver sem precisar trabalhar
não é um sonho impossível 153

CAPÍTULO 1

VOCÊ JÁ PERDEU O SONO PENSANDO EM DINHEIRO?

Milhões de brasileiros estão endividados e desesperados. Iludem-se com o consumismo típico de sociedades capitalistas, estimulados diariamente por campanhas publicitárias, ofertas de oportunidades, novos produtos e promoções. Tudo voltado para fazer com que algo pareça irresistível.

Com tantas opções, muitas pessoas acabam adquirindo produtos e serviços que fogem do orçamento. Como alternativa, caem na armadilha do "crédito fácil", pensando que o empréstimo seria uma boa saída para o problema. Acreditam que o cartão de crédito é uma ótima opção para antecipar uma compra que, na verdade, não têm dinheiro para custear no momento e jamais deveria ter sido feita. Entretanto, compram além do que podem! Então, endividados, pensam que o banco será seu aliado. Por considerá-lo "ótimo cliente", a instituição oferece cheque especial, cartões de crédito, limites, financiamentos, empréstimos, e todos os recursos são utilizados sem pensar nas consequências.

O mundo atual é voltado para o consumismo. Poupar diante de tantas propagandas, ofertas de oportunidades, novos produtos, serviços e promoções é uma tarefa um tanto difícil. O resultado é que milhões de brasileiros utilizam o limite do cartão de crédito para cobrir dívidas de lojas e contas em atraso, cheque especial para cobrir despesas da casa, fazem novos empréstimos para quitar outros, e com isso os juros vão se multiplicando. A consequência são dívidas acumuladas, e assim começa o "pesadelo". As ligações telefônicas de cobrança não param, a pressão e a "ameaça" dos credores são grandes, seu nome vai para o SPC e Serasa e já não é mais possível dormir tranquilamente. Você já não consegue pensar em uma forma de sair da situação, como agir, o que fazer. O desespero já tomou conta.

Se você está ou já esteve nessa situação, sabe exatamente como é essa sensação. Com tantas dívidas, falta dinheiro até para pagar contas básicas como água e luz. A essa altura, você se vê tendo de tomar algumas decisões difíceis para manter o mínimo do padrão de vida da sua família. Passa a diminuir todos os gastos, começando pelo supermercado, comprando apenas o que é essencial e substituindo algumas marcas por outras de menor valor. Para ajudar na economia e evitar gastos extras, a maior parte das refeições agora é feita em casa, levar marmita para o trabalho e usar o vale-refeição para comprar a pizza do sábado à noite se tornam novos costumes da sua família.

A casa própria, que antes era um sonho, virou pesadelo. Além das prestações atrasadas, há dificuldade em pagar o IPTU e o condomínio. O banco entra em contato frequentemente cobrando e ameaçando tomar o bem.

O telhado tem goteiras e as paredes da casa já estão mofadas pela falta de pintura. O sonho de iniciar a reforma, tão necessária, vai precisar ser adiado mais uma vez.

Sem crédito e com tantas dívidas, não será possível comprar a geladeira duplex que sua mulher tanto queria, tão pouco trocar os eletrodomésticos.

CAPÍTULO 1 VOCÊ JÁ PERDEU O SONO PENSANDO EM DINHEIRO?

O que antes era um hábito comum do seu dia a dia e da família passou a ser luxo. Assinatura de TV a cabo, academia e passeios no shopping com as crianças são totalmente descartados! Com tantas dívidas, está difícil pagar o IPVA, sem falar na manutenção do carro, abastecer, trocar os pneus, óleo, amortecedor. Neste ano, nem foi possível renovar o seguro.

As mensalidades do colégio das crianças e das aulas de inglês estão atrasadas. Mais um mês assim, e você terá de matriculá--los em um colégio público.

O plano de saúde já foi cancelado. Agora você e toda a sua família dependem do SUS. Só de pensar em ficar doente, já sente o coração acelerar de desespero.

A situação na empresa já não está mais a mesma. Além de tudo, pode perder o emprego. Já se imagina desempregado e sem o salário, que é o que ainda resta para sustentar a família.

Sem conhecer as "regras do jogo" a fim de aliviar a situação, você se preocupa em "tapar o buraco" dos juros sobre juros, das multas e de outras cobranças derivadas do crédito que adquiriu.

Nesse momento, você está completamente sem saída e não vê a hora de essa situação se resolver de uma vez por todas!

E aí eu digo: se você acha que está sozinho nessa, a resposta é definitivamente *não*! Veja a situação abaixo.

QUADRO ATUAL DE ENDIVIDAMENTO NO BRASIL
62% das famílias estão endividadas
21% estão com as contas e as dívidas atrasadas
8% assumiram que não terão condições de pagar

Fonte: Pesquisas de Endividamento e Inadimplência do Consumidor (Peic), 2015.

BEN ZRUEL EU VOU TE ENSINAR A SER RICO

Então a pergunta é: Como e por onde começar? Como sair dessa situação? Este livro sobre finanças pessoais tem um único objetivo:

Salvar a
sua vida!

Salvar parece uma palavra muito forte e que não combina quando o assunto são finanças pessoais, mas sim, infelizmente ela combina perfeitamente.

Quando a nossa vida financeira não está em ordem, é muito difícil que as outras áreas também estejam em equilíbrio.

Muitas pessoas dizem "o dinheiro não é importante". Mas eu pergunto: "O que vocês consideram mais importante que o dinheiro?".

Algumas vão responder saúde, outras dirão Deus, família, amigos, e assim por diante.

A saúde é com certeza mais importante que o dinheiro, mas conseguimos ter saúde sem dinheiro? Conseguimos nos alimentar corretamente? Será que podemos receber um tratamento médico decente sem dinheiro?

Deixe-me contar uma história e você vai julgar a importância do dinheiro.

Há um ano, uma senhora, conhecida minha, sofreu um AVC (acidente vascular cerebral) às 23 horas. Ela foi levada a um hospital, precisando de uma intervenção cirúrgica emergencial para salvar sua vida.

CAPÍTULO 1 VOCÊ JÁ PERDEU O SONO PENSANDO EM DINHEIRO?

No hospital, informaram à família que haveria duas opções. Uma delas seria realizar a cirurgia de forma particular na hora. No entanto, os custos adicionais que o seu plano não cobriria eram de 30 mil reais. A outra opção seria levá-la para um hospital do SUS e tentar a sorte por lá. Assim, eu pergunto: dinheiro é importante ou não?

Algumas pessoas dizem que família é mais importante que dinheiro.

Vou compartilhar com você outra história.

Meu avô tem certo patrimônio em Israel. Ele colocou meu pai, que sempre foi correto e pouco apegado às questões financeiras, como procurador dele, justamente para evitar brigas entre os familiares depois que ele partir para um mundo melhor. Meu avô tem quatro filhos, dois homens e duas mulheres. O meu tio caçula, por ser professor e pai de seis filhos, sempre vive mais apertado.

Um dia, meu pai apenas comentou com as irmãs que, no futuro, a partilha dos bens do meu avô poderia favorecer um pouco mais o irmão mais novo. Você acredita que esse inocente comentário foi o suficiente para gerar estresse e brigas? Isso porque ainda não tinha nenhum dinheiro de fato em jogo.

Quantas histórias nós ouvimos de famílias que viveram a vida toda em harmonia, mas que, por algum motivo, quando o dinheiro entrou em cena, parecia que os parentes não tinham mais o mesmo sangue?

Algumas pessoas dizem que Deus é com certeza mais importante que o dinheiro, mas será que conseguimos fazer a obra de Deus e ajudar o próximo sem ter dinheiro ou passando por necessidades?

Gosto sempre de exemplificar com o pensamento:

É impossível dar carona a pé!

Devo concordar que há muitas coisas mais importantes que o dinheiro! Dinheiro é apenas papel, mas quando ele falta, torna-se o centro do mundo.

Alguns dizem que o dinheiro não compra felicidade. Eu realmente acredito que o dinheiro não seja capaz de comprar a felicidade. A felicidade é um estado de espírito, mas você já viu a cara de uma pessoa que achou uma nota de R$ 50,00 no chão? Já viu a cara de quem perdeu esse dinheiro?

O dinheiro não compra a felicidade. Muitas pessoas são ricas e infelizes. Contudo, a infelicidade não veio do dinheiro. O problema é que, mesmo com dinheiro, elas não conseguem viver de um jeito que lhes traga felicidade.

O que o dinheiro compra é a *liberdade*, pois permite que você faça o que o deixa feliz. Caso adore viajar, o dinheiro vai te dar a liberdade de viajar quanto quiser. Outro exemplo é a liberdade de tempo disponível quando se tem dinheiro. Afinal, você não será obrigado a trabalhar todos os dias e terá pleno controle da sua agenda, dedicando mais tempo para família, filhos e amigos. Com certeza se sentirá mais feliz passando esse tempo com eles.

A verdadeira riqueza não se resume apenas em ter dinheiro e as coisas materiais que ele pode proporcionar. A verdadeira riqueza é viver uma vida plena, na qual você usufrui de tempo e saúde, com a liberdade completa para viver do jeito que bem entender.

* * *

CAPÍTULO 1 VOCÊ JÁ PERDEU O SONO PENSANDO EM DINHEIRO?

Bom, deixe-me apresentar, já que comecei o livro dando lições e sequer me apresentei. Meu nome é Ben Zruel. Nasci em Israel, na cidade santa, Jerusalém. Sou o segundo filho de uma família com quatro irmãos.

Venho de uma típica família de classe média. Minha jornada de trabalho começou aos 11 anos, no período de férias escolares. Meu primeiro emprego foi de entregador de flores. Lembro-me de que passei por cerca de quarenta lojas de flores até que uma me aceitou.

Não comecei a trabalhar cedo por necessidade, mas sim por inspiração. Eu queria desde pequeno ter a minha independência, pois nunca gostei de pedir dinheiro ou depender dos outros.

Temos duas forças que nos movem a vida toda: a inspiração e o desespero.

Infelizmente, a maior parte das pessoas age por desespero e faz muito pouco por inspiração.

A pessoa só procura uma nova oportunidade de trabalho quando está no desespero. Por exemplo, depois de uma demissão.

Neste momento, faço um convite: *comece a viver a vida inspirado e não desesperado.*

Aos 18 anos, como qualquer jovem israelense, entrei para o serviço militar, que em Israel é obrigatório durante três anos. Servi por cinco anos e nesse período acabei virando oficial do exército em uma unidade especial. Lá, aprendi sobre o poder da

BEN ZRUEL EU VOU TE ENSINAR A SER RICO

decisão. Nossas vidas são feitas de decisões, e não decidir também é uma decisão.

Naquela época, eu gostava de servir ao meu país e o salário também não era ruim, mas eu não via mais perspectiva de futuro. Foi aí que tomei a decisão de sair do exército. Até então, não sabia exatamente o que fazer, mas como estava insatisfeito com a perspectiva e não me via fazendo essa atividade por mais três, cinco, dez anos, decidi procurar algo diferente.

E quem procura...

Nada neste mundo acontece por acaso. Isso não tem nada a ver com religião, mas, se você está lendo este livro, tenho certeza de que tem um motivo maior, senão estaria fazendo qualquer outra coisa.

Minha busca pela oportunidade me levou a encontrar um anúncio no jornal no qual procuravam-se pessoas que gostariam de tentar uma nova carreira fora do país.

Respondi ao anúncio e um homem me convidou para ir ao escritório dele em Tel Aviv. Chegando lá, em uma quinta-feira à noite, ele me apresentou uma oportunidade de trabalhar com uma empresa de nutrição que já atuava em mais de cinquenta países.

Ele me mostrou as possibilidades de carreira que a empresa oferecia, e eu fiquei encantado. Também falou que eu teria duas opções: fazer o negócio em Israel onde eu já conhecia as pessoas; ou fazer esse negócio no país apontado pelas pesquisas como o possível maior mercado do mundo no segmento.

Adivinha de que país ele estava falando? Do Brasil.

Minha primeira reação foi: "Como vou trabalhar no Brasil se eu não falo uma palavra em português?".

CAPÍTULO 1 VOCÊ JÁ PERDEU O SONO PENSANDO EM DINHEIRO?

Naquela mesma hora, ligamos para Brasil, eu me apresentei e falei que pretendia chegar ao país em duas semanas. A resposta foi que eu iria adorar o lugar e seria muito fácil trabalhar ali. Questionei como conseguiria trabalhar lá se não falava uma palavra em português.

O interlocutor retrucou: "Ben, você fala inglês, não?". Respondi que sim. Então ele continuou: "Fique tranquilo, porque aqui todo mundo fala inglês".

Você deve estar rachando de rir da minha inocência...

Em duas semanas, larguei a carreira no exército, deixei família e amigos para trás e vim parar no Brasil.

Uma das características principais de pessoas bem-sucedidas é o poder de decisão. Pessoas bem-sucedidas decidem depressa e vão até o fim com suas escolhas; pessoas fracassadas levam muito tempo para decidir algo e depois mudam de ideia ao primeiro sinal de dificuldade.

Desembarquei no Aeroporto Internacional de Guarulhos em fevereiro de 1999, sem falar uma palavra sequer em português e sem conhecer ninguém.

Agora vou fazer uma pergunta: se você vai para o outro lado do mundo sozinho, a convite de uma pessoa, qual é o mínimo que ela precisa fazer por você? "Buscá-lo no aeroporto, claro."

Pois é, eu também achava, mas para a minha alegria ou desespero não havia ninguém me esperando!

Peguei o telefone e liguei a cobrar (aprendi o "jeitinho brasileiro" desde o primeiro dia).

"Cadê você?", perguntei.

"Ben, seja bem-vindo! Você está vendo um ônibus azul lá fora?"

"Sim, estou vendo, por quê?"

BEN ZRUEL EU VOU TE ENSINAR A SER RICO

"Então, esse ônibus azul do aeroporto vai levar você para minha casa."

"E onde é que você vive?", quis saber, bravo.

"Eu moro na Avenida Paulista."

Furioso, perguntei: "E o motorista vai saber onde fica essa avenida?"

"Sim, lógico, fique tranquilo."

"Quanto tempo vai demorar?"

"Uns 25 a 30 minutos, no máximo!"

Entrei no ônibus e mostrei ao motorista o endereço anotado no papel. Ele fez sinal com a mão afirmando que entendeu. Sentei, confiante.

Passaram-se trinta minutos e o ônibus parecia que não ia parar em nenhum lugar. Levantei-me e fui até o motorista, mostrei-lhe o papel novamente. Ele respondeu alguma coisa que demorou alguns meses até que eu entendesse o que ele quis dizer. Cinquenta minutos se passaram e não tínhamos chegado a lugar nenhum. Fui de novo até o motorista. Ele, sem paciência, falou algumas palavras que, pelo tom da voz, não era necessário saber português para entender.

Para resumir a história, o ônibus demorou 1 hora e 25 minutos!

Quando cheguei, o meu mentor me recebeu e disse: "Oi, Ben, o ônibus até que chegou depressa hoje".

Depois eu descobri que nem de helicóptero faria esse trajeto em 25 minutos.

Esse foi o início do meu primeiro dia no Brasil. E a continuação não foi melhor. Descobri que quase ninguém falava inglês e, para meu desespero, o meu negócio era com vendas e comunicação.

Então eu pergunto: como se vende algo em um país sem falar a língua local?

CAPÍTULO 1 VOCÊ JÁ PERDEU O SONO PENSANDO EM DINHEIRO?

Minha mentora achou uma solução. Ela escreveu um *script* em hebraico, depois traduziu para o português, com tudo o que eu precisava falar em uma visita, do começo até o fim. O plano era entrar na casa do cliente, falar tudo rapidamente e sair correndo antes que ele fizesse perguntas.

Muitas vezes me falavam: "Moço, eu não estou entendendo nada". E eu respondia: "Não tem problema, porque eu também não entendo nada do que eu falo".

E você acredita que esse plano de vendas funciona? Pode apostar que sim.

Pouco, mas funciona.

Quem quer arruma soluções, quem não quer arruma desculpas.

Não é muito fácil ser um estrangeiro em um país, ainda mais sozinho e sem falar o idioma local. Eu me lembro de que nas primeiras semanas me senti tão sozinho que pegava telefone público e ligava para Israel a cobrar. Enquanto esperava a conexão, ao fundo ouvia uma música em hebraico. Eu ficava por alguns segundos escutando e matando as saudades e desligava antes que alguém atendesse.

Em meu primeiro mês de trabalho, fui para 36 visitas e vendi apenas em uma!

Agora, minha pergunta é: você, nessas mesmas condições, continuaria?

Aqui está mais um dos segredos do sucesso: eu não sei com o que você trabalha, qual a sua profissão, qual o seu sonho, mas sei que só vai chegar ao topo se você **nunca desistir**!

O mundo está repleto de pessoas talentosas, cheias de potencial, mas que nunca atingiram o sucesso por simplesmente desistirem ao menor sinal de dificuldade.

Como pode perceber, no meu primeiro mês aqui as coisas não estavam indo bem.

Eu pagava as contas desde o primeiro dia, mas não ganhava o suficiente para me sustentar adequadamente.

Meu fracasso no início esteve em parte ligado à minha falta de competência comercial, mas o problema principal era minha falta de *habilidade financeira*.

Muitas das coisas que vou ensinar neste livro aprendi com meus próprios erros. E paguei caro por ter cometido cada um deles.

Ao longo dos anos, prestei consultoria financeira para diversas pessoas e percebi que os erros cometidos são sempre os mesmos. Por falta de conhecimento, as pessoas os repetem sem saber sequer onde estão errando e muito menos como sair dessa situação.

Aos poucos, minha condição financeira foi piorando (cheguei a comer apenas *shakes* e pão com manteiga por vários dias, porque era a comida mais barata para encher a barriga). Nessa época, cheguei a pesar 14 quilos a menos do que o meu peso ideal.

Recordo-me de uma vez que um amigo me perguntou qual tinha sido a última vez que eu havia comido "comida quente", e eu não soube responder...

CAPÍTULO 1 VOCÊ JÁ PERDEU O SONO PENSANDO EM DINHEIRO?

Você deve estar pensando: "Nossa, coitado dele...". Jamais pense isso! Coitado é quem tem o que comer, mas não tem nenhum sonho, ou então não tem objetivos e, principalmente, não luta para conquistar nada.

Sou muito feliz no momento atual da minha vida e também era feliz no começo de tudo, porque estava e estou correndo atrás dos meus sonhos.

Após um ano no Brasil, fui à falência pela primeira vez. Fiquei sem produtos para vender, sem dinheiro, sem nenhuma condição de me sustentar e pagar as contas. Comecei a perceber que havia algo errado na maneira como eu e muitas pessoas administramos o dinheiro.

Entendi que existem regras no jogo do dinheiro. No entanto, não entendo por que ninguém nunca me ensinou essas regras. Elas não são ensinadas em nenhuma escola, em nenhuma faculdade. Não é verdade que há pessoas por aí com mestrado em Economia que mal conseguem terminar o mês no positivo? Naquela época, eu poderia usar a desculpa de que não ganhava o suficiente, mas será que isso foi o verdadeiro motivo que me levou à falência?

A resposta é *não*! Porque com a mesma quantia, havia famílias que conseguiam viver e fechar o mês com saldo positivo. Infelizmente não são muitas, porque a maioria esmagadora das pessoas no Brasil vive do mesmo modo que eu vivia. A diferença é que não apenas por uma época e, sim, pela vida toda.

Comecei a corrigir meus erros e colocar em prática os três passos que você vai aprender neste livro para a construção da liberdade financeira. Eu consegui reconstruir o meu negócio e a minha vida aos poucos.

A esta altura, você deve imaginar que a continuação deste capítulo será: "A partir daquele dia eu construí a minha liberdade financeira e fui feliz para sempre". No entanto, isso só acontece nos contos de fada, pois a decisão de mudar e corrigir os erros passados não é garantia de sucesso imediato. Levamos tempo para realmente modificarmos nossa mentalidade e nos tornarmos pessoas de sucesso.

Uma das maiores armadilhas do sucesso é que muitas pessoas que tomam a decisão de mudar de vida e corrigir os erros do passado esperam ter mudanças positivas em um curtíssimo espaço de tempo. Eu entendo o desespero, contudo, quero que você esteja consciente de que levamos tempo para corrigir nossos erros e, principalmente, para ver os frutos de nossas novas atitudes.

Não desista no caminho, dê tempo ao tempo.

Voltando para a minha história: as coisas aos poucos começaram a entrar nos eixos e depois de dois anos no Brasil, quando comecei a ver os primeiros frutos das minhas novas atitudes financeiras, aconteceu algo que marcou a minha vida para sempre.

Certo dia, chegando em casa de um evento no centro de São Paulo (naquela época eu morava na periferia da cidade), percebi que a porta estava aberta. Ladrões haviam entrado em casa e levado praticamente tudo o que eu tinha, coisas pessoais e do

CAPÍTULO 1 VOCÊ JÁ PERDEU O SONO PENSANDO EM DINHEIRO?

trabalho, e fiquei apenas com as roupas do corpo e algumas peças penduradas no varal.

Essa foi a segunda vez que voltei para estaca zero no Brasil. Você deve estar pensando: "Mas dessa vez foi diferente, você não tinha culpa." É justamente aí que a gente se engana. Talvez não tivesse culpa, mas tinha responsabilidade em saber que isso poderia acontecer e me preparar para esses dias. Se eu tivesse um dinheiro guardado, uma proteção financeira, eu não passaria por esse desafio com mais facilidade?

O resto é história. Oito anos após esse dia, conquistei a minha tão sonhada liberdade financeira aplicando todos os ensinamentos que vou passar para você.

O meu objetivo não é somente que você aprecie este livro, ou aprenda algumas coisinhas.

Quero ensiná-lo a mudar sua vida de verdade.

Este livro tem o poder de fazer essa mudança, mas você precisa se permitir ser ajudado. Não vou dizer que esta jornada será fácil, mas posso garantir que, se eu consegui, qualquer pessoa também é capaz!

Então, chega de conversa e mãos à obra!

CAPÍTULO 2

A PRIMEIRA COISA QUE VOCÊ PRECISA SABER SOBRE DINHEIRO

Todos nós ficamos pensando: qual é o segredo da riqueza? Se vivemos no mesmo país, sob o mesmo governo, por que algumas pessoas têm tudo, enquanto outras têm tão pouco? Parece que alguns nasceram com a estrela da sorte, enquanto outros... melhor nem falar.

O que diferencia as pessoas?

Para responder, precisamos entender qual é a fórmula do sucesso.

Quantos de vocês já ouviram a seguinte frase de seus pais? "Filho, estude bastante na escola, tire boas notas, faça faculdade, arrume um bom emprego e seja feliz para sempre". Provavelmente a maioria esmagadora dos leitores.

Agora minha pergunta é: será que no mundo de hoje boas notas na escola e uma faculdade são garantia de sucesso financeiro?

Quantas pessoas com diploma acadêmico não conseguem emprego na profissão delas e trabalham em uma atividade totalmente diferente? Muitas vezes sujeitas a subempregos, com salários menores que a mensalidade da faculdade que cursaram.

Como isso é possível, se todos os pais amam os seus filhos e insistem em dar um conselho tão equivocado?

A resposta é bem simples: o conselho realmente era correto na época de nossos pais. Há quarenta anos, havia no Brasil poucas pessoas formadas, o acesso à faculdade era restrito às camadas muito privilegiadas da população, então as pessoas graduadas realmente tinham garantia de uma boa colocação no mercado de trabalho.

O problema é que hoje se formam centenas de milhares de jovens todos os anos e o país não tem postos de trabalho para todos. A consequência é a "abundância" de pessoas formadas, a desvalorização dos diplomas e do salário. Temos cada vez mais pessoas qualificadas concorrendo às vagas disponíveis e isso permite aos chefes diminuir o salário e aumentar as exigências.

A solução que muitos tentam é aumentar ainda mais a qualificação. Por exemplo, ao fazer uma pós-graduação. Só que os outros também pensam nessa solução mágica, e então voltamos ao mesmo lugar.

Parece uma corrida de ratos: não importa a velocidade em que você corre, sempre acaba no mesmo lugar.

Outras pessoas aprenderam dos pais que trabalhar duro seria garantia de sucesso, mas é óbvio que um assistente de pedreiro, que definitivamente trabalha muito duro, não é o que ganha mais.

Alguns acreditam que a fórmula de sucesso é simplesmente nascer na família certa, caso contrário, nunca acontecerá; mas diversos estudos nos mostram que 80% das pessoas ricas no Brasil vieram de famílias humildes.

Então qual é o segredo do sucesso? O que nos define? De onde vem o dinheiro com abundância para alguns e com tanta escassez para outros?

CAPÍTULO 2 A PRIMEIRA COISA QUE VOCÊ PRECISA SABER SOBRE DINHEIRO

É aqui que começa nossa aula de *mentalidade*.

Preste atenção: o tamanho do seu sucesso financeiro, do seu patrimônio, tudo o que você tem e conquistou no mundo material está 100% relacionado ao tamanho da sua cabeça. É óbvio que não estou me referindo ao tamanho físico. Quero deixar claro que pessoas cabeçudas não têm vantagem nessa área.

Brincadeiras à parte, quis dizer que a programação mental, a sua mentalidade, é o fator principal que define se terá sucesso ou fracasso financeiro.

Com frequência, as pessoas tentam melhorar sua situação financeira sem mudar sua programação mental. Infelizmente, essas tentativas serão muito frustrantes.

Você já escutou histórias de pessoas que ganharam na loteria ou receberam uma grande herança? Pessoas que passaram a vida toda lidando com pouco dinheiro e, de repente, encontraram-se na posse de uma enorme quantia? O que você acha que acontece com essas pessoas? Em pouco tempo, conseguem perder todo o dinheiro, por um motivo muito simples: era muito dinheiro para uma cabeça tão pequena; não é possível administrar bem sem a mentalidade correta.

O dinheiro sempre acompanhará o tamanho da sua mente.

O contrário também funciona: se você tirar todo o dinheiro de um rico, eu garanto que não se passarão três anos e ele construirá toda a fortuna de volta.

O bilionário norte-americano Donald Trump é um exemplo. Ele já foi à falência quatro vezes e recuperou em pouco tempo toda a fortuna, hoje estimada em 2,7 bilhões de dólares.

O QUE É A NOSSA PROGRAMAÇÃO MENTAL?

Programação mental é a soma de todos os conceitos, todas as crenças, as ideias e os conhecimentos que estão instalados em nossa mente consciente e subconsciente.

A partir de que idade começamos o processo da programação mental? A partir do dia em que começamos a respirar.

Há vários fatores que nos influenciam e nos moldam como seres humanos: a escola, os nossos professores, a religião, o bairro em que crescemos, a mídia, os amigos... mas a principal fonte vem da nossa própria casa, de nossos pais.

Dados do IBGE mostram que 80% das pessoas começam a vida em um padrão econômico e oitenta anos depois morrem com o mesmo padrão, um nível abaixo ou acima, mas praticamente o mesmo.

Como isso é possível? Passam-se oitenta anos na vida de uma pessoa, repletos de oportunidades, acontecimentos, escolhas, muitas vezes diferentes das que os pais dela tiveram, mas ainda assim ela acaba no mesmo lugar. Com frequência têm o mesmo tipo de trabalho, acabam morando no mesmo bairro e terminam ganhando um salário bem parecido com o dos pais.

Isso acontece devido aos conceitos e às crenças que são passados para os filhos ao longo de sua formação.

CAPÍTULO 2 A PRIMEIRA COISA QUE VOCÊ PRECISA SABER SOBRE DINHEIRO

Por exemplo, se seus pais eram empregados, com carteira assinada, recebendo vale-transporte, o que para eles era considerado um futuro seguro? É óbvio que a resposta seria ter essas coisas; então, desde que se entende como gente, você lembra de ouvir dos seus pais: "Filho, estude para arrumar um emprego com carteira assinada, benefícios e assim terá segurança."

Então qualquer oportunidade que passar na sua frente ao longo da sua vida e que não apresentar esses "benefícios" será descartada no ato.

Consequentemente, essas escolhas farão com que arrume um emprego muito parecido com o dos seus pais e acabe tendo uma vida bem parecida com a deles.

Se os seus pais são funcionários públicos, por exemplo, o que você vai ouvir desde criança em casa? "Filho, estude bastante, faça faculdade e preste concurso público".

Caso tenha nascido em uma casa com pais empresários, o que será que vai ouvir deles? "Filho, seja empregado de alguém para ter segurança?" É claro que não: eles também vão encorajá-lo a ser, um dia, um empresário.

No entanto, não é somente a escolha da nossa profissão ou do nosso trabalho que é influenciada pelos pais, mas também toda a nossa relação com o dinheiro e o sucesso.

O que você ouviu dos seus pais quando o assunto era dinheiro? Quero que faça uma pausa em sua leitura por alguns minutos e reflita. O dinheiro era motivo de alegria ou de discussões?

Vou citar algumas frases para ajudar:

- Dinheiro não nasce em árvore.
- Dinheiro não traz felicidade.
- Quanto mais se ganha, mais se gasta.
- Você tem que trabalhar duro para ter dinheiro.

BEN ZRUEL EU VOU TE ENSINAR A SER RICO

- Nem todo mundo pode ficar rico.
- Dinheiro é sujo.
- Os ricos ficam cada vez mais ricos e os pobres cada vez mais pobres.
- Dinheiro muda as pessoas, ele as corrompe.
- Quem tem muito dinheiro, por si só, pode ser ladrão.

Essa influência verbal é poderosa e fica enraizada na nossa mente, formando a programação mental. Quando precisamos escolher entre as decisões lógicas ou nos basearmos na programação mental, sempre a programação vai prevalecer e nos prejudicar.

Quero deixar algumas considerações sobre certas crenças que as pessoas têm sobre o dinheiro.

Primeiramente, acredito que o dinheiro por si só é apenas um canal para que as coisas aconteçam.

O dinheiro é neutro, ou seja, não é bom nem mau, não é sujo nem limpo, não traz alegria nem tristeza. É apenas uma ferramenta e, conforme a utilizamos, pode tanto fazer o bem, como o mal.

Uma pessoa que por natureza é generosa com pouco dinheiro, quando tiver muito será ainda mais generosa; se alguém por outro lado, é mesquinho com pouco, quando tiver muito possivelmente será ainda pior.

O dinheiro não muda ninguém. Ele apenas amplifica o que já somos.

CAPÍTULO 2 A PRIMEIRA COISA QUE VOCÊ PRECISA SABER SOBRE DINHEIRO

Outra maneira pela qual somos influenciados é pelo exemplo. Que atitudes e exemplos você viu dos seus pais quando o assunto era dinheiro? O dinheiro era fonte de felicidade ou discussões? Seus pais eram poupadores ou gastadores? O dinheiro sobrava ou estava sempre faltando?

A soma de todas essas experiências ficou gravada na sua mente formando sua programação mental e ela pode impedir seu sucesso financeiro.

COMO PODEMOS CORRIGIR NOSSA PROGRAMAÇÃO MENTAL?

Inicialmente, quero que você entenda que isso é um processo longo e muitas vezes dolorido e cansativo. Não é fácil admitir que o jeito como você viveu nos últimos trinta ou quarenta anos estava errado. A velocidade da mudança vai depender de dois fatores.

O primeiro é quão fundo estão enraizadas as crenças limitadoras dentro de você. E o segundo fator é quanto você está aberto para aprender a nova filosofia.

Eu sei que não é fácil, mas é possível.

Há várias maneiras de fazer isso. A primeira é por meio da leitura; a segunda, por meio de áudios e seminários; e a terceira, com a convivência com pessoas bem-sucedidas. Mudar a nossa mentalidade é uma atitude indispensável.

39

CAPÍTULO 3

OU VOCÊ TOMA UMA ATITUDE OU A VIDA TOMA POR VOCÊ

Vamos agora analisar as diferenças de mentalidade entre as classes sociais. Para facilitar, pensaremos apenas em três grandes classes: pobres, classe média e ricos.

Se eu perguntar qual é a diferença entre as três, tenho certeza de que muitos responderão sem hesitar: "A diferença é a quantidade de dinheiro que cada uma ganha por mês, é claro".

Pois é, a maior parte das pessoas vai responder isso. No entanto, como o assunto aqui é finanças e não democracia, fazer parte da maioria não é garantia de acerto. A diferença entre as três classes é a *mentalidade*, a *filosofia*.

POBRES: o que as pessoas com mentalidade pobre buscam na vida? Na verdade, o pobre só tem um único foco, a *sobrevivência*. Uma frase famosa típica: "Trocar o almoço pelo jantar."

CLASSE MÉDIA: é onde se encontra a maior parte das pessoas; têm outro objetivo na vida; a sobrevivência está garantida. A Classe média busca o *conforto* e *status*.

RICOS: Então, o que os ricos buscam? A resposta é *liberdade*!

Quando você é da classe média e corre atrás do conforto, você até consegue obtê-lo, mas qual é o preço que se paga? O preço da liberdade, porque a corrida atrás do dinheiro transforma você em escravo dele.

Quem tem mentalidade de rico busca a liberdade e adivinha o que vem como bônus? O conforto!

Existe mais uma diferença importante entre as classes: o planejamento.

Em geral, qual é o planejamento de um pobre? Diário. Toda a visão se concentra em passar o dia, em sobreviver à próxima conta, por isso trabalha muitas vezes em serviços que pagam diariamente.

Qual o planejamento da classe média? A visão é mensal. A classe média vive de um salário para o outro. A primeira preocupação em um novo emprego é "quanto vou receber no fim do mês?".

E, por último, qual o planejamento de um rico? O rico planeja as coisas com visão anual. Se for multimilionário, então o planejamento e a visão podem ser de décadas.

MENTALIDADE FINANCEIRA POR CLASSES			
	POBRES	MÉDIA	RICOS
FOCO	Sobrevivência	Conforto	Liberdade
PLANEJAMENTO	Diário	Mensal	Anual e por décadas

Acredito que com esses dois fatores, você consiga facilmente distinguir as classes. A confusão não costuma ocorrer com a classe pobre, porém muitas vezes confundimos a classe média alta com a rica.

CAPÍTULO 3 OU VOCÊ TOMA UMA ATITUDE OU A VIDA TOMA POR VOCÊ

Acredite em mim quando digo que existe uma enorme diferença entre as duas.

Deixe-me contar a história de Paulo, um jovem de 22 anos, filho de pais de classe média. Depois de ler, quero que você pense se por acaso conhece outras pessoas que vivem exatamente assim.

Paulo se formou como administrador de empresas depois de quatro anos de faculdade. Ele vive na casa dos pais e praticamente não tem nenhuma despesa. Acabou de arrumar o primeiro emprego no banco e está todo radiante com o salário de R$ 1.500,00 que vai receber, afinal, um salário assim é uma pequena fortuna para quem é solteiro e vive na casa dos pais.

Após três meses no banco, Paulo, que até então vivia tranquilo com o salário, gasto apenas com saídas e happy hours com os amigos do trabalho, decide que chegou a hora de "progredir" na vida e comprar o primeiro carro. Ele tem três meses de salário e ainda não conseguiu economizar nada. Mesmo assim, o sonho de ter o primeiro carro não lhe sai da cabeça.

Então, Paulo vê na TV uma propaganda de um carro zero quilômetro. No anúncio, pedem pequena entrada e parcelas de "apenas" R$ 599,00 por mês. Depois de adquirir o carro com ajuda do pai, ele descobre rapidamente que o veículo exige mais do que apenas pagar as prestações. Tem IPVA, seguro, gasolina, manutenção... De repente, um salário de R$ 1.500,00 não dá para arcar com todas as despesas.

Paulo, no entanto, está tranquilo, mesmo estando um pouco apertado, pois sabe que em questão de pouco tempo vai ser promovido e ganhará R$ 2.500,00. Finalmente vai sobrar dinheiro. Ele até vai começar a poupar porque sabe como isso é importante.

Passaram-se dois anos e Paulo realmente recebeu a promoção no banco e passou a ganhar R$ 2.500,00, mas como ele já tem 24 anos e

ainda vive com os pais, decide que chegou a hora de deixar o ninho. Então aluga um apartamento com um amigo da faculdade e com os R$ 2.500,00 não consegue pagar o aluguel, a prestação do carro, a luz, o telefone e ainda sobrar dinheiro para poupar.

Anos depois, ele é promovido novamente e passa a ganhar R$ 4.000,00 na mesma época em que conhece a futura esposa.

Quem casa quer casa. Juntando os salários, os dois conseguem, depois de muito aperto e com a ajuda dos pais, comprar o apartamento financiado em 360 meses.

Mais alguns anos e Paulo resolve que não é justo que vá de carro para o trabalho e a sua esposa de ônibus, então ele compra o segundo carro, somando mais uma prestação.

Mesmo sem sobrar um tostão sequer, Paulo continua otimista porque tem boas chances de ser o próximo gerente da agência e tem certeza que com o novo salário as coisas vão ser diferentes. Agora, porém, nasce o primeiro filho e o casal sente que o seu apartamento já está um pouco apertado e resolve financiar uma casa maior. Como o salário do casal é alto, o crédito no banco permite comprar uma linda casa em um condomínio fechado perto da casa dos pais dele.

Os anos se passam, os salários aumentam, mas com eles crescem as despesas. Paulo percebe que não importa quanto ganhe, pois nunca vai sobrar dinheiro, mas o que compensa tudo é o dia em que os parentes vão visitá-los e olham para a sua casa e os carros importados na garagem. Aos seus olhos, Paulo é uma pessoa muito bem-sucedida! Mal sabem o estresse que ele passa todos os dias para manter tudo isso.

Após vinte anos trabalhando no banco, sob pressões constantes e com metas absurdas para atingir, Paulo sente que não aguenta mais e quer uma mudança na vida.

Mas quem pode pensar em mudar de vida ou sequer ficar um dia sem trabalhar com as prestações de dois carros importados, de uma

CAPÍTULO 3 OU VOCÊ TOMA UMA ATITUDE OU A VIDA TOMA POR VOCÊ

casa em um condomínio fechado, dois filhos na escola particular, um cachorro e despesas que parecem sem fim?

Acredito que essa história representa muito bem toda a classe média. Tenho certeza de que muitos de vocês estão se vendo nesse filme. Os nomes e as profissões mudam, os salários podem mudar, mas a filosofia é exatamente igual!

A classe média inteira vive com os mesmos princípios: gasta tudo o que ganha durante o mês para manter um padrão de vida mais elevado do que pode ter.

Como sobra pouco ou nenhum dinheiro para adquirir o "conforto", os cidadãos de classe média são obrigados a utilizar os financiamentos dos bancos e com isso pagam juros altos. Entretanto, não se importam porque, na mente da classe média, não há nada de errado nisso. Afinal de contas, todo mundo vive assim. Têm a falsa impressão de que estão crescendo e evoluindo, porque possuem cada vez mais bens de consumo e elevam o padrão de vida, mas será que realmente estão progredindo?

Quero que você preste bastante atenção, que fique alerta a alguns erros que vou apresentar neste livro e que podem destruir sua vida financeira. Este é um deles!

Uma crença popular é que se vamos conseguir mais dinheiro do que temos hoje, nossos problemas financeiros vão sumir como em um passe de mágica. Mas eu garanto: se você está passando dificuldade com o que ganha atualmente, ganhar mais não vai resolver seu problema, pelo menos não em longo prazo.

"Como assim, não é essa a solução? Lógico que é! Hoje, eu ganho R$ 3.000,00 e vivo apertado, mal conseguindo pagar as contas. Agora, aumentando o meu salário para R$ 5.000,00, tenho certeza de que vai começar a sobrar dinheiro todo mês, e nunca mais estarei apertado."

BEN ZRUEL EU VOU TE ENSINAR A SER RICO

Infelizmente essa lógica só funciona na teoria, porque na prática a maior parte das pessoas vive gastando mês após mês todo o salário, não importa a quantia.

Meu amigo, responda com sinceridade: quando você ganhava os seus primeiros salários sobrava algum dinheiro? E depois, quando recebeu um aumento, começou a sobrar dinheiro?

Hoje, depois de muitos anos trabalhando, você certamente deve ganhar inúmeras vezes mais que ganhava no seu primeiro salário. **Agora está sobrando, certo?**

A resposta para a maior parte das pessoas será *não*!

Como isso é possível? Por quê, independentemente de quanto ganhamos por mês, sempre vivemos apertados? Essa é uma das principais perguntas que vou responder ao longo do livro.

A filosofia da classe média *é* **totalmente errada**!

Porque o padrão de vida dela e a maior parte dos bens de consumo que possui estão financiados (casas, carros etc.). Acreditam serem os donos de todos os bens, afinal de contas, na televisão e nas propagandas dos bancos, é anunciado: "Saia do aluguel agora e adquira a sua casa própria". É lamentável, mas a classe média realmente acredita que, quando assina o contrato do financiamento, está de fato adquirindo sua casa. Neste momento, faço a pergunta: *você realmente acha que a casa é sua?* Muitas pessoas se sentem ofendidas com essa pergunta. "É lógico que a casa é minha! Antes, eu pagava aluguel, e agora comprei a minha própria casa!"

Desculpe-me por decepcioná-lo, sinceramente não é a minha intenção, mas eu tenho de dizer: antes, você pagava aluguel para a imobiliária, agora está pagando aluguel para o banco; pare de pagar as prestações durante três meses e rapidinho descobrirá quem é o verdadeiro dono do imóvel!

CAPÍTULO 3 OU VOCÊ TOMA UMA ATITUDE OU A VIDA TOMA POR VOCÊ

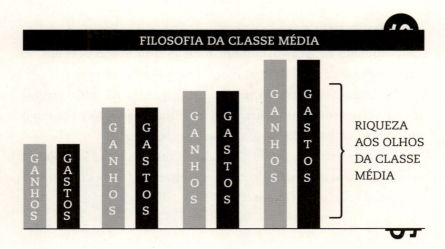

A maneira equivocada como a classe média vive leva a uma realidade: não importa quanto se ganha, podem ser R$ 2.000,00, R$ 5.000,00 ou R$ 20.000,00 por mês; não faz diferença! No fim do mês, a classe média volta à estaca zero. A única diferença é o padrão de vida falso, que muda conforme os ganhos.

Se todo o mês você gasta tudo o que ganha para manter o seu padrão de vida, e se a maioria dos bens que adquiriu até hoje estão financiados, você, meu amigo, faz parte da classe média. Mesmo que pareça que está ganhando rios de dinheiro. E, no fim, isso não transforma você em uma pessoa rica, apenas uma pessoa da classe média alta, e vou lhe dizer mais uma coisa, desta vez ainda pior:

Quanto mais alto o seu nível dentro dessa classe, mais complicada e perigosa será a sua situação!

A classe média não percebe que esse consumismo a condena a um tipo de prisão. Quanto mais coisas não couberem no orçamento da classe média, mais tempo ela ficará presa.

Uma pessoa da classe média baixa ganha R$ 2.000,00 por mês e talvez tenha um carro popular financiado. Caso perca o emprego, correrá o risco de perder apenas o carro.

O tombo será bem mais dolorido se você ganha R$ 15.000,00 e tem dois carros importados, uma mansão financiada e dois filhos em escola particular.

Todo o "progresso" na vida da classe média está baseado na entrada mensal de dinheiro para manter e pagar todos os seus bens de consumo.

Todo esse *status* é apenas um castelo de areia. Bastam alguns meses sem salário para tudo começar a desmoronar.

"Mas, Ben, por que você está detonando tanto a classe média? Nossos pais também viviam assim."

Eu sei que nossos pais viviam dessa maneira, mas era uma realidade econômica totalmente diferente da que vivemos hoje. Há duas diferenças principais. A vida era bem mais simplificada (é só comparar do que uma pessoa precisa para criar um

CAPÍTULO 3 OU VOCÊ TOMA UMA ATITUDE OU A VIDA TOMA POR VOCÊ

filho hoje e do que precisava há trinta anos). O mundo não era tão consumista, as tentações eram bem menores. A segunda diferença é que os empregos eram mais estáveis. Meus pais, e tenho certeza de que os pais da maioria que me lê, entraram com 20 anos de idade em uma empresa e acabaram aposentados no mesmo lugar.

Isso quer dizer que mesmo que fizessem parte da classe média e que gastassem tudo, eles podiam contar com o salário no fim de cada mês para arcar com seus compromissos.

No mundo de hoje, em média, um trabalhador troca de emprego nove vezes ao longo de sua carreira.

Podemos viver com a mesma tranquilidade? *Se você depende mês após mês da entrada do seu salário para se manter e pagar todos os seus compromissos, eu posso prever que, ao longo da sua vida, várias e várias vezes vai passar muito sufoco, se é que já não está passando!*

QUAL É A FILOSOFIA DOS RICOS?

Preste bem atenção! Muitas pessoas acham que os ricos são medidos pelo valor que ganham por mês. Isso é um pensamento de classe média. Os ricos são diferenciados não pela quantidade que ganham por mês e, sim, pelo método que empregam nos gastos.

BEN ZRUEL EU VOU TE ENSINAR A SER RICO

A primeira regra é: não importa quanto ganhe por mês, *o rico sempre gasta menos do que ganha*! Ele vive em um padrão bem abaixo de seus ganhos mensais.

Nas próximas páginas, vou ensinar como fazer isso na prática, mas neste momento quero que a frase seguinte fique gravada em sua mente para o resto da sua vida:

A primeira regra para construir a sua liberdade financeira é viver com um padrão de vida mais baixo do que o permitido pelo que você ganha!

Se você gasta todo mês a sua renda mensal, posso lhe garantir que você nunca sairá da corrida dos ratos da classe média, nunca construirá a sua liberdade financeira!

Se você, porém, seguir as minhas orientações, prometo que vou levá-lo a terra prometida.

A **segunda regra**: a diferença entre o que o rico ganha e o que ele gasta com o padrão de vida é *investida*.

O rico investe para adquirir ativos que podem lhe render mais dinheiro, como imóveis para alugar, negócios que vão lhe render lucros sem precisar da sua presença, associar-se a uma empresa de MMN (marketing multinível) a fim de construir uma renda passiva.

CAPÍTULO 3 OU VOCÊ TOMA UMA ATITUDE OU A VIDA TOMA POR VOCÊ

Mantendo o mesmo padrão de vida e com mais dinheiro entrando, a consequência é uma sobra de dinheiro cada vez maior, o que vai lhe permitir investir ainda mais e aumentar mais depressa os ganhos de seus ativos.

O dia em que o fluxo de dinheiro vindo dos seus ativos for maior que o valor necessário para manter o padrão de vida será o primeiro dia de sua vida com liberdade financeira.

Liberdade financeira ocorre quando os ganhos dos seus ativos são maiores que as despesas com seu padrão de vida.

Só que não para por aqui. Agora, o rico tem um fluxo de dinheiro vindo de seus ativos que não apenas está cobrindo suas despesas, mas também permitindo que sobre mais dinheiro para reinvestir, o que lhe permite adquirir ainda mais ativos que lhe rendem mais dinheiro e assim sucessivamente.

Você vai entender, agora, de onde vem a letra da música que diz "os ricos cada vez ficam mais ricos e os pobres cada vez ficam mais pobres".

FILOSOFIA DE RICOS

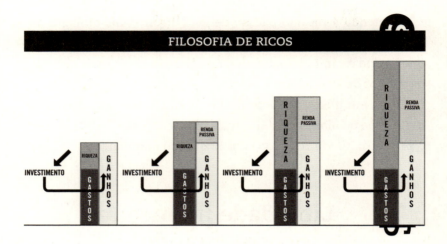

Neste ponto você deve estar querendo me perguntar: "Mas, Ben, como eu faço essa mudança na prática? A vida toda, fiz parte da classe média, e sempre prometo para mim mesmo que vou começar a poupar e nunca cumpro a promessa. Como começar?"

CAPÍTULO 4

VOCÊ PRECISA SABER O QUE ESTÁ ACONTECENDO

A primeira coisa que você precisa fazer é seguir uma orientação básica mas, que acredite em mim, 90% das pessoas não a segue. Você precisa *saber*!

"A verdade vos libertará."

A maior parte das pessoas simplesmente não sabe ou não têm a mínima noção de quanto gasta por mês, qual o custo do seu padrão de vida.

Se perguntar a um grupo de pessoas quanto cada uma delas gasta por mês, algumas vão pensar por alguns segundos e responderão: "Eu gasto x com aluguel, y com carro, z com supermercado e é basicamente isso...". Da minha experiência, posso afirmar que as pessoas gastam de 30 a 300% acima do que acham que gastam.

Como é possível uma pessoa gastar mês após mês muito acima do que ganha e muitas vezes nem perceber? É bem mais fácil do que você imagina. Esse rombo nas nossas finanças acontece

BEN ZRUEL EU VOU TE ENSINAR A SER RICO

pela facilidade de receber crédito, o famoso pré-datado. Quando você dá um cheque pré-datado, está dizendo o quê? "Eu não tenho dinheiro neste mês, mas tenho fé que no mês que vem vou ter." Quando você utiliza cartão de crédito e parcela, a mensagem que está enviando é a mesma.

Sem perceber, você aumentou a despesa mensal sem aumentar a entrada. Em um mercado "normal", com juros "normais", isso não seria saudável, porém aceitável. No mercado brasileiro, em que os juros para utilização do cheque especial ou do cartão de crédito passam de 10-15% ao mês, esse erro é inaceitável!

Então, a primeira coisa que você precisa fazer é ter um **registro exato** de ganhos e principalmente de gastos.

A maneira correta é ter um registro diário e instantâneo de qualquer dinheiro que sai do seu bolso, o dia todo. Para fazer isso, pode utilizar um aplicativo no celular, mas a maneira mais fácil é andar o dia todo com papel e caneta e anotar qualquer, eu vou repetir, **qualquer** centavo que saia do seu bolso, até aqueles R$ 2,00 que você gastou para comprar água na rua. Não importa a quantia nem a hora, ela precisa ser registrada nesse papel ao longo do dia. À noite, você passa para um caderno de livro-caixa ou planilha no computador, a escolha é sua.

"Mas, Ben, você quer que eu seja mesquinho? Fazendo conta de cada centavo que sai do meu bolso?"

Mesquinho, não. O que eu realmente desejo é que você passe a ter o controle total de cada centavo que sai do seu bolso.

Quero que uma coisa fique bem clara: R$ 10,00 a mais por dia que você gasta sem ter e sem controlar podem representar R$ 300,00 por mês. Em um ano, essa quantia chegará ao valor de R$ 3.600,00. Se utilizou o limite do cheque especial, essa quantia com juros cobrados de mais de 300% ao ano pode chegar a

CAPÍTULO 4 VOCÊ PRECISA *SABER* O QUE ESTÁ ACONTECENDO

R$ 10.000,00! Continua achando que R$ 10,00 por dia não fazem diferença no seu orçamento?

As pessoas que têm controle um dia construirão a própria liberdade financeira, enquanto os gastadores viverão a vida toda como escravos do dinheiro.

Depois de juntar os gastos diários e semanais, você terá a noção exata do seu custo de vida.

Então vamos colocar a mão na massa: **quero que você pare a leitura do livro agora** e sente-se com o seu cônjuge, caso tenha um, e escreva todas, repetindo, *todas*, as despesas mensais, sejam elas fixas, ocasionais, dívidas, sejam despesas do seu negócio; enfim, tudo! Escreva tudo sem autoengano. Não omita coisas que "terminam no mês que vem e não vão se repetir", entre outras.

Mesmo que você não faça o processo completo – pois para saber os gastos mensais exatos são necessários trinta dias anotando todas as despesas como mencionei antes –, será possível ter uma boa noção de como está a sua situação financeira.

Tenho certeza de que você está ansioso para ler as outras partes do livro sobre como sair das dívidas e construir liberdade financeira, mas eu quero que você pare e me escute! Não estou aqui apenas para ensinar. Estou aqui para ajudar a mudar a sua vida. Então faça! Comece a anotar seu custo de vida. Sem essa informação, não podemos progredir!

Vocês acreditam que há pessoas que passam a vida toda sem fazer esse registro sequer uma vez? Como você quer receber orientações sobre o caminho a percorrer para chegar à terra prometida se não tem noção de onde se encontra neste momento?

Então pegue papel e caneta e escreva!

Para ajudar, aqui estão alguns dos gastos e ganhos comuns no orçamento familiar:

GASTOS	GANHOS
Aluguel	Salário
Condomínio	Pró-labore
Financiamento da casa	Pensão
Prestação do carro	Direitos autorais
Supermercado/feira	*Royalties*
Escola	Ganhos dos ativos
Gasolina	Lucros das vendas
Transporte	
Plano de saúde	
Roupas	
Telefone	
TV a cabo	
Luz	
Gás	
Água	
IPVA	
IPTU	
Matrícula escolar	
Produtos	
Treinamentos	
Sistema	

CAPÍTULO 4 VOCÊ PRECISA *SABER* O QUE ESTÁ ACONTECENDO

Chegou o momento da verdade!

Com todos os dados na mão, podemos tirar conclusões e escolher o caminho correto.

Primeira opção: seus ganhos são maiores que seus gastos. Momento de comemoração!

O que você acha que precisamos fazer nessa situação?

Todo mundo normalmente responde que precisamos poupar, e realmente faz parte da resposta correta, mas antes precisamos fazer outras coisas.

A primeira coisa é cortar gastos! "Como assim, cortar gastos? Você não acabou de falar que ganhamos mais que gastamos?" De fato, porém,

gastos são iguais às gordurinhas no nosso corpo: sempre tem de onde tirar e se **não prestarmos atenção, eles aumentam!**

Vou contar uma história interessante, que não está diretamente ligada ao dinheiro, mas vai ilustrar meu argumento.

Durante muito tempo, tive um plano de dados de 1 GB no celular. Sempre achava que não era o suficiente, mas conseguia administrá-lo até o fim do mês. Um dia, surgiu uma promoção na minha operadora. Pelo mesmo preço, poderia ter 6 GB de dados!

Obviamente mudei e fiquei contente porque agora não ia ficar mais "apertado" e sobraria todo mês.

Por incrível que pareça, no primeiro mês do plano já havia utilizado 2,2 GB. No segundo mês, 3,8. No terceiro, consegui ultrapassar os 6 GB! Como isso aconteceu? Se durante muito tempo, conseguia sobreviver com apenas 1 GB e agora nem 6 GB são o suficiente? Simples: agora que eu tinha muito mais "recursos" à minha disposição, eu me permiti "gastar" muito mais que antes. Comecei a fazer downloads de vídeos na rua, acessando sites o tempo todo sem estar com wi-fi; ou seja, "gastos" que não me permitia antes. Com o nosso dinheiro, acontece a mesma coisa. Caso sobre algum dinheiro no fim do mês, temos a tendência de aumentar os gastos sem nem perceber.

Lembra-se da mentalidade de classe média? A classe média, sem perceber, aumenta os gastos à medida que aumenta seus ganhos. Por isso, nunca sobra nada! Agora você não vai mais cair nessa armadilha porque tem outra mentalidade, a dos ricos, correto?

Por isso é sempre importante controlar e cortar gastos.

A segunda coisa que faremos é *investir o dinheiro*. Quando e onde vamos é assunto para adiante. Por hora, quero parabenizá-lo por dois motivos: o primeiro é que você faz parte da pequena parcela da população que gasta menos do que ganha, e o segundo motivo é que o passo mais importante para ter liberdade financeira você já deu!

Então, neste momento, concentre-se em cortar gastos e aumentar investimentos.

A vida, porém, não é tão simples assim e muitas pessoas quando vão fazer a comparação entre o que ganham e o que gastam descobrirão (caso não saibam) que **gastam mais do que ganham**. O que fazer?

CAPÍTULO 4 VOCÊ PRECISA *SABER* O QUE ESTÁ ACONTECENDO

Suponhamos que você ganhe R$3.000,00 e descubra que gasta R$4.000,00. Essa situação pode acontecer por vários motivos. Alguns exemplos: a pessoa não tem a mesma carteira de clientes que tinha antes; talvez alguém do casal tenha perdido o emprego; decisões de adquirir passivos sem pensar, e muitos outros motivos que podem levar a pessoa a essa situação.

Eu sempre faço esta pergunta nas minhas palestras: **E agora, o que fazer?**

A primeira resposta que recebo a essa pergunta costuma ser "aumentar os ganhos, trabalhar mais duro e aumentar as receitas". Vocês acham que isso é uma boa solução?

Nesse caso, não é preciso cortar ou abrir mão de nada no orçamento.

Para a tristeza de muitos, essa não é a solução do problema por dois motivos. Como costuma ser a qualidade de vida de alguém que não consegue pagar as contas da casa? Que tem dívidas? Qual é a sensação de dormir à noite pensando o tempo todo em dívidas? Sabendo que não tem dinheiro suficiente para honrar todos os compromissos, saber que dia após dia o buraco na sua conta bancária está mais fundo. Se alguém já passou por isso, sabe que a sensação não é boa. Como nós acordamos no dia seguinte? Cheios de energia para o novo dia? A resposta é bem óbvia: *não!*

Você acha que uma pessoa preocupada com as contas da casa, sem dormir direito, tem energia suficiente para enfrentar o novo dia, produzir e ganhar mais?

Vamos um pouco além e sejamos sinceros: quem gosta de comprar algo de pessoas desesperadas, que tentam empurrar o produto de qualquer jeito? Ninguém!

Qual a chance de um empregado conseguir aumento instantâneo no salário só porque alegou para o patrão que está precisando?

Então, a resposta "trabalhar mais para ganhar mais dinheiro" não é a resposta correta.

A segunda resposta que todo mundo dá é "cortar gastos". Quais gastos? Todo mundo responde: "os supérfluos".

Tudo bem, mas e se cortar tudo o que é supérfluo, só ficar com as despesas básicas e continuar gastando mais do que entra? O que podemos cortar agora? Nesse momento, reina o silêncio.

Este, talvez, seja um dos momentos mais críticos no livro. Aqui está toda a minha filosofia a respeito de como construir a sua liberdade financeira.

A resposta para essa pergunta não pode ser baseada apenas em cortar alguma despesa. Ela é muito mais profunda que isso.

Essa resposta pode fazer toda a diferença na sua vida porque nela está o seu futuro. Se escolher corretamente, terá um futuro promissor; caso contrário continuará no mesmo caminho.

Só existe uma solução.

MUDANÇA DE PADRÃO DE VIDA

Se você gasta mais do que ganha todos os meses, então vive um **padrão de vida que não é seu**. Talvez no passado você tinha "direito" de viver nesse padrão, mas hoje em dia não mais.

Acontece que a última coisa que um ser humano está disposto a admitir é que todas as decisões que tomou a respeito do dinheiro nos últimos anos foram equivocadas. Por isso, muitas vezes percebemos pessoas que continuam com o padrão de vida que não podem ter, sem nenhuma condição de se manter, vivendo de aparência só para não precisar admitir para a sociedade e para elas mesmas que estavam erradas.

CAPÍTULO 4 VOCÊ PRECISA *SABER* O QUE ESTÁ ACONTECENDO

Você ficaria surpreendido com a quantidade de pessoas que vivem em condomínios fechados, em prédios de luxo, mas que não têm condições de manter o padrão de vida em que vivem. É só aparência.

Ao longo dos anos, fiz inúmeras consultorias financeiras com pessoas de diferentes níveis econômicos. Muitos estavam vivendo fora do padrão de vida adequado à sua realidade.

Percebi que essas pessoas, por falta de controle, não perceberam a situação e utilizaram crédito para manter o padrão. Somente depois de anotar, realmente, tudo o que gastavam durante o mês, percebiam o quanto a situação estava grave.

Nós temos duas opções, querido leitor. A primeira é fazer as mudanças necessárias e doloridas. Quando falo em mudança de padrão de vida, isso quer dizer, às vezes, precisar mudar tudo. Talvez seja preciso mudar de um aluguel caro para um aluguel mais barato. Se você já paga um aluguel barato, talvez a solução seja voltar para a casa dos pais por um tempo, ou escolher uma escola para as crianças com mensalidade menor. Se isso não for suficiente, talvez a solução seja colocá-las em uma escola pública. Se tem um carro, talvez esteja na hora de vendê-lo e andar de ônibus. Outras mudanças também podem ser feitas, mas, custe o que custar: elas precisam ser feitas!

A redução no padrão de vida acontecerá até o momento em que seus gastos básicos se tornem menores que seus ganhos!

BEN ZRUEL EU VOU TE ENSINAR A SER RICO

Eu sei como isso é dolorido. Já acompanhei inúmeras pessoas que fizeram essas mudanças e sei como é difícil cada uma dessas escolhas, mas posso lhe garantir uma coisa: essas atitudes serão de extrema importância na sua vida. Elas farão com que a sua vida financeira entre em equilíbrio. Depois de fazer a mudança de padrão, pela primeira vez você irá gastar menos do que ganha e, finalmente, poderá dormir bem, sabendo que sua casa (mesmo que esteja morando em uma menor) está em ordem. Aí, sim, você acordará com energia total para o novo dia, para conquistar sua liberdade financeira. O mais interessante é que as pessoas que acompanhei nesses anos e que fizeram as mudanças necessárias, em pouco tempo (por volta de um ano), já puderam voltar para o padrão de vida anterior, porém com todo o direto de viver nele, porque estavam ganhando muito mais.

A segunda opção é fingir que não é nenhum problema grave e que amanhã tudo pode mudar, que é só economizar um pouco e trabalhar mais, e tudo será resolvido. Mas sabemos que não é verdade, afinal, por muito tempo essas pessoas se autoenganaram e nada mudou.

A vida tem uma regra que diz assim:

Ou você toma atitude e muda ou a vida vai mudar por você. Nada é em vão.

CAPÍTULO 4 VOCÊ PRECISA *SABER* O QUE ESTÁ ACONTECENDO

Por exemplo: se você possui um carro financiado, mas não tem mais condições mantê-lo e deixa de pagar as parcelas, há duas opções: ou você toma atitude e vende o carro ou o banco irá tomá-lo de você. Repito: ou você toma atitude e corrige as coisas sozinho ou a vida vai mudar por você. Nada é em vão.

Isso serve para todas as outras coisas.

Então, meu querido leitor, não cometa o erro da protelação, corrija o que precisa ser corrigido *agora*. É só uma questão de tempo até que comece a ver os frutos de suas decisões.

Se entendeu até agora tudo o que ensinei e planeja fazer as mudanças necessárias, vou poder dormir em paz, porque a parte principal da minha missão com este livro foi completada com êxito.

Esse passo é extremamente importante. Sem ele, você não terá chance de conseguir a tão sonhada liberdade financeira.

Tudo o que vou ensinar a partir de agora está baseado na minha confiança de que você pagará o preço e mudará o que for preciso e viverá um padrão de vida abaixo dos seus ganhos. Estamos de acordo?

Mais um ponto de extrema importância para seu êxito é saber separar a vida pessoal da vida empresarial.

Dados do Sebrae mostram que esse é um dos principais motivos que levam o microempreendedor a fechar as portas em menos de cinco anos de empresa.

Voltemos para a nossa tabela de comparação entre gastos e ganhos. Na coluna dos gastos, há várias despesas que estão relacionadas ao seu negócio. Infelizmente, muitas pessoas inexperientes no mundo empresarial cometem o seguinte erro: quando passam dificuldades financeiras, a primeira coisa que cortam são os investimentos dos seus negócios. Assim, sem perceber, estas atitudes os levam à falência.

BEN ZRUEL EU VOU TE ENSINAR A SER RICO

Vamos imaginar um empreendedor que tem um salão de eventos que costuma render em torno de R$ 5.000,00 líquidos por mês – uma quantia suficiente para cobrir o padrão de vida da sua família.

No entanto, o mês anterior foi fraco e o salão rendeu apenas R$ 2.000,00. Para piorar, o ar-condicionado quebrou e o conserto será de R$ 1.800,00. O que esse empreendedor deveria fazer? Utilizar os R$ 2.000,00 para pagar as contas de casa ou consertar o ar-condicionado? Acredito que as respostas ficarão divididas, então vamos complicar um pouco mais. As duas filhas pequenas do empreendedor estão com fome e a geladeira está vazia. Ele compra comida ou paga o conserto? Muitos entregariam os pontos, não é verdade? Utilizariam o dinheiro para comprar comida, afinal são nossos tesouros. Essa escolha, porém, é extremamente errada porque o ar-condicionado não foi consertado e a consequência é que amanhã os ganhos do salão cairão ainda mais, pois muitas empresas poderão cancelar o contrato quando descobrirem que o ar-condicionado não está funcionando. Ou seja, no mês seguinte ele não ganhará nem os R$ 2.000,00. Lá vem a pergunta que não quer calar: e no mês em que ele não ganhou nada, como comprará comida para as filhas?

Ele deveria ter consertado o ar-condicionado, sem nem hesitar! E a comida? Leve as meninas para comer na casa da mãe, ou até da sogra, mas o negócio tem de se manter impecável. Afinal, se seu negócio não estiver bem, a sua família também não estará.

Esse exemplo serve para todos os consultores e empreendedores. Sim, você deve cortar, caso necessário, os gastos pessoais e mudar seu padrão de vida, mas **o negócio precisa estar impecável sempre!** Nunca corte investimentos em treinamentos, cursos e desenvolvimento pessoal. Quando as pessoas estão com

CAPÍTULO 4 VOCÊ PRECISA *SABER* O QUE ESTÁ ACONTECENDO

problemas financeiros, percebo que essa atitude é muito comum. Sinto dizer que se você fizer isso estará confirmando sua falência, porque faltará treinamentos e inspirações para trabalhar com mais força. Faça qualquer sacrifício que for preciso, mas nunca deixe de investir em você, no seu desenvolvimento pessoal, na sua formação profissional, pois isso o ajudará a conquistar sua liberdade financeira com seu negócio.

Quero compartilhar com vocês a história da Audir. É um breve relato no qual descreve como vivia, seus hábitos e as mudanças que aplicou na vida dela, em busca da liberdade financeira.

"Meu nome é Audir Moraes, tenho 28 anos e sou formada em Letras/ Inglês.

Quando eu tinha 20 anos, decidi abrir uma loja de roupas com meu noivo (hoje meu marido). Ele era tatuador e deixou a profissão para desenvolver o negócio comigo, afinal, era meu primeiro trabalho.

Eu controlava minuciosamente o estoque, o caixa da loja e os gastos pessoais, mas percebi que algo estava errado, pois nunca conseguíamos guardar dinheiro, mesmo planejando. Depois de seis anos, ainda usávamos o cheque especial e nesse tempo fizemos três empréstimos para capital de giro.

Na época, minha visão de sucesso financeiro era ganhar mais, para gastar mais e não ter dívidas.

Nos últimos anos, as vendas vinham caindo, e muito, então comecei a usar dinheiro de outro negócio que desenvolvíamos paralelamente de marketing multinível (MMN).

Dois anos atrás, aceitei o convite para participar de uma palestra sobre administração financeira com o Ben Zruel. Entendi como se constrói a liberdade financeira (a diferença positiva de quanto você ganha para o que gasta investida em negócios que rendam mais dinheiro). Mas

69

BEN ZRUEL EU VOU TE ENSINAR A SER RICO

para atingir a minha liberdade, eu precisava desenvolver minha mente. Comecei a ler, estudar, participei de cursos, foquei o que eu queria, tracei um plano e, com o objetivo claro, parei de perder tempo com TV e programas que não agregavam, só roubavam meu tempo.

Diminui meu padrão de vida por um tempo, assim não fiz mais dívidas, e cortei vários gastos desnecessários, mas sem nunca prejudicar meus dois negócios, pois eram minha "galinha dos ovos de ouro".

Quando você faz isso com um propósito, é possível fazer sem sofrer. Decidi que juntaria dinheiro para usar com o que realmente importava, enxerguei que valeria a pena.

Coloquei em prática tudo o que aprendi na palestra, e como Ben disse: "É só por um tempo!". E foi mesmo.

No final de 2015, consegui vender a loja e me dedicar somente ao meu negócio de MMN e meu esposo voltou para sua profissão.

O dinheiro começou a entrar mais do que sair e, como não tinha dívidas, consegui aumentar meu padrão de vida e mesmo assim separar todo mês de 20% a 60% da entrada financeira. Economizei para comprar meu carro dos sonhos.

Com tudo que vivi, criei o hábito de economizar, que hoje considero uma arte e pago tudo à vista.

Com certeza, ter assistido à palestra de Administração Financeira e colocado tudo em prática mudou a direção da minha vida financeira.

Gratidão, Ben!"

CAPÍTULO 5

AS REGRAS QUE NINGUÉM LHE CONTOU SOBRE DINHEIRO

No capítulo anterior, aprendemos as regras do jogo. Descobrimos a filosofia correta sobre o dinheiro e como administrá-lo e viver de acordo com o padrão de vida adequado aos seus ganhos atuais.

Antes de seguirmos adiante, preciso confiar em você e acreditar que deu início às mudanças extremamente importantes que propus e já está fazendo os ajustes necessários e corretos em seu padrão e estilo de vida. Sem esses ajustes (eu sei que podem ser doloridos), tudo o que vou ensinar neste capítulo será em vão.

Agora, você saberá como **empatar** esse "jogo do dinheiro".

Imagine que estamos em uma partida de futebol. Você entrou em campo com seu time, todo animado e confiante em uma vitória gloriosa. No entanto, há um pequeno detalhe: você nunca jogou futebol na vida e tampouco sabe as regras do esporte. Mas como você tem um time muito comprometido, animado e confiante, acredita fielmente que tudo dará certo.

Começa o jogo!

Você conhece as regras do basquete e julga serem parecidas. Então, agarra a bola pelas mãos e sai correndo em direção ao gol do adversário. Pois é, você deve estar rindo e imaginando o que acontece nessa partida. O árbitro paralisa o jogo e lhe mos-

BEN ZRUEL EU VOU TE ENSINAR A SER RICO

tra um cartão amarelo. Você é obrigado a passar a bola para o adversário, frustrado, sem entender absolutamente nada.

Por incrível que pareça, a maior parte das pessoas joga o "jogo do dinheiro" sem saber as regras corretas e acredita que tudo dará certo no final.

E para piorar, a partida continua. Como você nem sabia que existe a função de goleiro, o seu gol fica totalmente desprotegido e o outro time adversário começa a fazer um gol atrás do outro.

Imaginar uma partida de futebol assim pode ser hilário, mas, quando se trata do "jogo do dinheiro", infelizmente muitas pessoas agem da mesma forma e perdem de goleada.

Na primeira parte do método, você aprendeu as regras do jogo, entendeu como lidar com o dinheiro, viver com padrão de vida correspondente aos seus ganhos e tomou algumas decisões críticas a respeito desse padrão. Agora, você pode jogar esse "jogo do dinheiro" da maneira correta.

No entanto, é comum nos depararmos com o seguinte pensamento: "Ben, eu aprendi as regras do jogo que você ensinou e estou muito confiante em aplicá-las e começar a viver da maneira correta, mas carrego comigo as 'feridas' das decisões erradas que tomei no passado. Tenho muitas dívidas, o que devo fazer?".

As regras que vou ensinar não estão em livros sobre finanças e não são conservadoras, mas, pela minha experiência de anos ajudando centenas de pessoas a se livrar das dívidas, afirmo que entender essas regras talvez seja a única maneira de resolver esse problema e sair vencedor desse jogo.

Voltando à nossa hilária partida de futebol. Quarenta e cinco minutos de partida já se passaram e seu time está perdendo de 13 a 0. Você está revoltado. Já avisou o árbitro que o jogo não é justo, pois não sabe suas regras e, como capitão do time, pede

CAPÍTULO 5 AS REGRAS QUE NINGUÉM LHE CONTOU SOBRE O DINHEIRO

paralisação da partida para poder se familiarizar com as regras. Contudo, o juiz não mostra nenhum sinal de compaixão e interesse em atender ao seu pedido. E, para piorar, você percebe que o jogo está sendo corrompido, porque todas as decisões que o juiz toma favorecem o outro time, que está debochando de toda a situação, tirando sarro de sua cara a cada gol feito.

Muitas vezes, temos essa sensação de impotência perante bancos e instituições financeiras. Parece que estão "debochando" da nossa "ignorância". Com frequência, recebemos orientações e recomendações que não vão nos ajudar a melhorar a nossa situação – em alguns casos, ocorre justamente o contrário.

Estamos no intervalo do jogo. Inconformado com a situação, você se pergunta o que pode fazer para virar a partida!

O que daria para fazer agora, a essa "altura do campeonato"? Motivar o time? Trocar um jogador ou outro? Quem sabe colocar mais atacantes? Será que com essas mudanças teremos alguma chance?

Com certeza, você já sabe que não! O que nos resta fazer?

Esse time só tem uma saída.

Quebrar todas as regras e simplesmente não entrar mais em campo, avisando que não pretende terminar essa partida até que as condições de ganhar o jogo sejam justas e iguais para os dois lados. Até logo e obrigado!

Essa atitude deve ter surpreendido e até mesmo chocado você. Mas aí eu pergunto: que outra opção temos?

Há outra alternativa? Jogar com mais garra? Reclamar do juiz? Marcar mais? Eu, porém, afirmo que qualquer uma dessas atitudes nos levaria ao mesmo resultado: perda do jogo sem poder recorrer depois.

Continuar jogando significa aceitar as regras do jogo impostas por eles! Significa aceitar saber antecipadamente que a derrota é certa! Aceitar que seremos perdedores!

A atitude de não entrar mais em campo até que as regras sejam revistas pode parecer radical, mas tem um significado muito profundo: não estamos aceitando esse jogo, nem os resultados dele!

Agora vamos parar de falar de futebol e discutir a vida real. Quando nos encontramos em uma situação na qual, por erros passados e por não conhecer as regras, estamos sem condições de quitar as dívidas, o que devemos fazer?

O que fazer, por exemplo, quando não conseguimos mais pagar a fatura do cartão de crédito, pois esta já é bem maior que o nosso salário?

Como agir quando não conseguimos pagar as parcelas em dia de um empréstimo que adquirimos tempos atrás?

CAPÍTULO 5 AS REGRAS QUE NINGUÉM LHE CONTOU SOBRE O DINHEIRO

A que recorrer quando o cheque especial virou um buraco tão grande, fundo e desesperador, que nosso salário é engolido por ele sem deixar nenhum rastro?

Já li vários livros sobre administração financeira que falam sobre dívidas, mas confesso que, embora sejam bons, nenhum consegue realmente orientar as pessoas de maneira clara e correta, apresentando uma solução definitiva para esse problema.

Muitos livros sugerem falar com o gerente do banco para pedir orientação. Outros aconselham a fazer outros empréstimos com juros menores para quitar uma dívida. Há ainda os que ensinam qual das dívidas devemos pagar primeiro, quais deixar para pagar depois etc. Mas para uma pessoa que está enrolada em muitas dívidas, qualquer uma dessas soluções só gera uma situação: um pouco de alívio para as cobranças de curto prazo e mais dívidas de longo prazo.

Com o passar dos anos, cansei de ver pessoas que tinham um único empréstimo ou um único cartão de crédito com as finanças descontroladas e por falta de orientação tomaram atitudes erradas e se afundaram cada vez mais em empréstimos e dívidas.

Neste capítulo, você vai aprender a solução definitiva e correta para seguir quando se encontrar endividado. **Se tiver a atitude e a coragem suficientes para seguir as minhas orientações, garanto que, em um prazo de doze meses, você quitará todas as suas dívidas e terá uma nova vida financeira.**

O método que ensino para resolver uma situação financeira complicada, com dívidas, empréstimos atrasados e cartões de crédito estourados é bem simples, porém seu sucesso depende da aplicação dele, passo a passo e integralmente.

Está preparado para corrigir sua vida financeira de uma vez por todas?

ENTÃO, VAMOS COMEÇAR!

O meu método inclui quatro pontos essenciais que vão lhe permitir resolver qualquer dívida.

Entretanto, antes de continuarmos quero fazer uma ressalva.

O capítulo não foi escrito para ensinar a ser caloteiro nem como ser *espertalhão*, porque eu realmente não acredito que esse tipo de pessoa possa prosperar. Ele foi desenvolvido para ensinar as "regras do jogo" e como vencê-lo, mesmo com erros financeiros do passado, mostrando que você não é obrigado a pagar juros abusivos ou pegar novos empréstimos, que multiplicam o valor real das dívidas.

Estamos no Brasil, país onde os juros praticados legalmente pelos bancos são os mais altos do mundo.

Não existe outro país no mundo com juros tão altos. Para você ter uma ideia, em Israel onde eu nasci, nem agiota tem coragem de cobrar juros tão altos assim.

Por que os juros são tão altos no Brasil?

CAPÍTULO 5 AS REGRAS QUE NINGUÉM LHE CONTOU SOBRE O DINHEIRO

Não existe justificativa técnica, econômica, política ou moral para a cobrança de taxas tão elevadas. Os bancos brasileiros cobram as maiores taxas de juros do mundo em cartão de crédito e cheque especial. A desculpa de sempre é a alta inadimplência. Afinal, a inadimplência no Brasil é realmente tão elevada assim? Um levantamento do Fundo Monetário Internacional (FMI) mostra que a relação entre empréstimos em atraso e crédito total no Brasil está dentro da média internacional. Logo, entende-se que não é uma questão de inadimplência elevada, mas há outros fatores e interesses relacionados!

No Brasil, o sistema bancário não tem regras,[1] cobra os juros que quer e da forma que quer.

Por isso o *spread* bancário (diferença entre o que os bancos pagam na captação de recursos e o que cobram ao conceder um empréstimo para uma pessoa física ou jurídica) é o mais alto do mundo (cinco vezes maior que a média mundial!).

COMPARAÇÃO		
PAÍSES	SPREAD	INADIMPLÊNCIA
Brasil	34,88%	4,4%
Emergentes	6,55%	4%
Desenvolvidos	3,16%	2%

Fontes: Banco Central, Instituto de Finanças Internacionais e Instituto de Estudos para o Desenvolvimento Industrial

---

1. ASSOCIAÇÃO BRASILEIRA DO CONSUMIDOR. Empresas quebrando e bancos lucrando. *Jornal SP Norte*. 13 de fevereiro de 2015. Disponível em: <http://jornalspnorte.com.br/empresas-quebrando-e-bancos-lucrando/>. Acesso em: 13 de junho de 2016.

No Brasil, praticamente não existe "concorrência" no mercado bancário. Os cinco maiores bancos (dois estatais e três privados) possuem aproximadamente 93% das contas correntes. **E concentram 77% de todo o crédito no Brasil**. Ou seja, "mandam e desmandam" no mercado.

Não existe ou não se aplica limite de taxas de juros e os contratos de adesão são "empurrados" aos consumidores, que ficam sem chances de discuti-los.

De fato, a concentração bancária com característica de cartel no Brasil já foi objeto de estudo[2] do FMI.

A falta de concorrência causa falta de opção ao consumidor e facilita o acordo entre os gigantes financeiros para decidir quanto desejam ganhar e assim impor qualquer taxa de juros que julgarem justa.

Gostaria de deixar para você as únicas regras que precisa saber para sair das dívidas. Nos parágrafos adiante, vou detalhar cada uma dessas orientações. Se seguidas à risca, podem acabar com qualquer dívida sua em no máximo doze meses, não importa quão grave esteja sua situação.

QUATRO REGRAS ESSENCIAIS PARA SAIR DAS DÍVIDAS

1. Nunca peça orientação para os funcionários do banco.
2. Parta para o tudo ou nada.
3. Um único empréstimo ficará sempre em apenas um único empréstimo.
4. Tenha controle emocional.

---
2. RANGEL, Priscila. Relatório do FMI questiona competitividade de bancos no Brasil. *Agência Brasil*. 11 de fevereiro de 2005. Disponível em: <http://memoria.ebc.com.br/agenciabrasil/noticia/2005-02-11/relatorio-do-fmi-questiona-competitividade-de-de-bancos-no-brasil>. Acesso em: 13 de junho de 2016.

CAPÍTULO 5 AS REGRAS QUE NINGUÉM LHE CONTOU SOBRE O DINHEIRO

AGORA VAMOS DETALHAR
PONTO A PONTO ESSAS REGRAS

1. NUNCA PEÇA ORIENTAÇÃO
PARA OS FUNCIONÁRIOS DO BANCO

É um dos erros mais comuns que pessoas endividadas cometem. Pedem orientação para os funcionários, acreditando que eles podem ajudá-las a resolver o problema. É uma atitude extremamente equivocada!

Pensamos que eles têm conhecimentos verdadeiros e experiência para ajudar a resolver problemas financeiros. Desculpe-me, não quero decepcionar ninguém, mas eles não são capacitados para evitar que os seus clientes se endividem ainda mais, tampouco para ajudar a resolver definitivamente o seu problema. Infelizmente, temos de admitir que eles são treinados e preparados para lhe "vender crédito", uma vez que esse é o carro-chefe de maior lucro de todas as instituições financeiras diante da legislação vigente no país. E digo mais: por vezes encontrará bancários ainda mais endividados que você. Triste e sarcástica coincidência, não?

O funcionário do banco, na maioria das vezes, é tão vítima do sistema financeiro quanto o próprio cliente da instituição. Sua principal função é vender serviços e produtos financeiros do banco. E entre esses produtos, vale relembrar que estão empréstimos, cartões de crédito, cartas de crédito, limites de cheque especial, entre tantos outros.

Portanto, o funcionário do banco não tem o menor interesse em ajudar você a solucionar definitivamente os seus problemas. Ele quer apenas convencê-lo de que um novo empréstimo, por exemplo, com um valor maior do que o já feito antes, ajudará a aliviar a dívida. Digo até que, com frequência, ele sabe que essa orientação não é a mais correta. No entanto, precisa atingir as altíssimas metas impostas. Então, entre escolher quem vai se sair melhor, ele opta por ele próprio, claro! Pensando no salário no final do mês, no dever cumprido como subordinado ao chefe, no sustento da família. E aí eu pergunto: qual dos dois é vítima do sistema? Os dois! No entanto, podemos avaliar que o gerente do banco apenas cumpriu uma obrigação; já você, como cliente e endividado, criou outro problema para si. Então, você se saiu pior nessa situação.

2. PARTA PARA O TUDO OU NADA

Gosto muito de falar sobre este ponto nas minhas palestras, porque gosto de observar a reação, muitas vezes espantada, no semblante da plateia. Vamos lá, a regra é muito simples. Serei claro e objetivo.

Ou você paga toda a sua dívida por completo ou não abate um centavo sequer!

É isso e ponto final. Você entenderá mais adiante.

Quando as dívidas e os juros abusivos começam a prejudicar a sobrevivência da família e você tem a difícil escolha entre sobreviver ou quitar sua dívida, sem dúvida nenhuma *a decisão a tomar é por sobreviver.*

CAPÍTULO 5 AS REGRAS QUE NINGUÉM LHE CONTOU SOBRE O DINHEIRO

Um exemplo, para não restar nenhuma dúvida.

Se você tem um cartão de crédito que já passou do limite, só tem duas opções.

A primeira, e obviamente a mais correta, é a **quitação total, eu disse total,** da fatura.

A segunda opção, caso você não tenha condições financeiras para quitar *totalmente* a fatura, é **não pagar nada**. Não pagar a parcela mínima, parcial, *nada!* Você não paga um tostão sequer dessa fatura!

Na atitude *tudo ou nada!*, não devemos aceitar outra opção.

Isso vale para todos os tipos de dívida. **Quitação total ou nada!**

É muito importante que você entenda o verdadeiro motivo para esse tipo de atitude.

O que acontece com muitas famílias quando optam por pagar apenas parte das dívidas? Os juros abusivos cobrados no próximo mês simplesmente devorarão a importância que foi paga e a dívida não sairá do lugar. O que acontece com o pagamento parcial de uma dívida no Brasil, com os juros insanos praticados no país, nos dá a sensação de que estamos ateando fogo ao nosso dinheiro. Penso que nenhum ser humano, gozando de suas faculdades mentais, acharia esse método normal.

Observe mais um exemplo prático. Vamos imaginar que você possui uma fatura com o limite ultrapassado, no valor de R$ 5.000,00. Você não tem condições de pagar o total e, como não conhece as "regras do jogo", decide pagar apenas o valor mínimo, de R$ 750,00, 15% do total (esse percentual pode variar conforme a bandeira de cada cartão). Assim, você "diminui" a dívida para R$ 4.250,00 reais, ok? Em seguida, porém, o banco cobrará a taxa de juros do cartão, que hoje em dia varia entre 11 e 16% ao mês, somando os encargos e as multas que serão mais 3% sob o valor restante. Assim, a fatura para o próximo mês terá praticamente o mesmo valor da anterior. Resumindo, você acabou de jogar no lixo aproximadamente R$ 750,00.

Se insistir nesse pagamento mínimo durante o período de um ano, você enriquecerá o banco com a importância de R$ 9.000,00. Um dinheiro que deveria beneficiar e suprir as suas necessidades e as de sua família. E para piorar ainda mais a situação, no fim ainda continuará com a dívida da fatura inicialmente existente no valor dos mesmos R$ 5.000,00, ou até mais do que isso.

É como diz o ditado: seria cômico se não fosse trágico.

Quantas pessoas você conhece que usaram o cheque especial e, para não receber cobranças, fizeram depósitos parciais na conta, pensando que estavam evitando um agravamento do problema, e somente depois de um tempo descobriram que esses depósitos não só favoreceram a situação negativa de sua conta, como, ao contrário do que desejavam e imaginavam, aumentaram ainda mais a dívida.

Assim entendemos o resultado do "poder destrutivo" dos juros abusivos no Brasil!

Resumindo e enfatizando mais uma vez: *tudo ou nada!*

CAPÍTULO 5 AS REGRAS QUE NINGUÉM LHE CONTOU SOBRE O DINHEIRO

Tenho certeza de que muitos de vocês devem estar pensando: "O que eu mais queria era poder fazer isso, parar de pagar juros! Não estou aguentando mais pagar dívidas que parecem nunca ter fim! Eu gostaria de tomar essa atitude, mas tenho medo".

Ressalva importante: meu intuito com este livro não é apenas ensinar a você qual caminho é necessário percorrer para sair das dívidas, mas também ajudá-lo e de alguma forma encorajá-lo a superar todos os medos do "bicho-papão" que existem em sua cabeça!

Então vamos listar todos esses receios que até hoje impediram você de tomar a *atitude correta* para quitar as dívidas.

Se eu parar de pagar as dívidas, o que acontecerá comigo?

A. Vão sujar o meu nome?

B. Vão bloquear os meus bens e tirar tudo o que eu tenho?

C. Vou ser preso?

D. Vão colocar cada vez mais juros e isso vai virar uma "bola de neve"?

Vou esclarecer ponto a ponto e você entenderá que a estratégia eficaz e mais utilizada pelas instituições financeiras é a falta de conhecimento por parte dos clientes.

A. Vão sujar o meu nome?

Muitas pessoas boas e honestas não têm sossego enquanto não conseguem quitar as dívidas. Muitas vezes fazem novos empréstimos, mesmo sabendo que não terão condições de pagá-los e agravam cada vez mais a situação, tudo pelo medo de que, caso não paguem, o nome ficará negativado ou "sujo". Permita-me a correção, mas o correto deveria ser "nome protegido", levando um pouco de bom humor a essa triste e trágica situação, afinal, com seu nome no SPC e no Serasa, seu acesso a crédito ficará

BEN ZRUEL EU VOU TE ENSINAR A SER RICO

limitado, ou seja, ficará impedido de tomar atitudes impensadas e cometer novos erros financeiros.

Para falar a verdade, no caso de muita gente para quem prestei consultoria financeira, foi a melhor coisa que poderia ter acontecido naquele momento da vida!

Faz todo o sentido: você não fará mais dívidas, se quiser adquirir algo terá de ser à vista e, finalmente, quem sabe, aprenderá a controlar o orçamento e viver exatamente com aquilo que tem.

A questão de ter o "nome protegido", como eu prefiro chamar, significa que por um tempo seu nome vai constar em órgãos de restrição ao crédito como SPC e Serasa e você não poderá obter mais crédito no mercado, um acontecimento que no meu ponto de vista, repito, é algo extremamente positivo para muita gente, mesmo que a princípio o indivíduo não entenda e não aceite.

O que muitas vezes está em jogo é o apelo emocional. Principalmente entre pessoas com idade mais avançada, por questão de honra e hombridade. Para essas pessoas, a vida se baseou nos princípios de que sempre devemos manter nossa palavra a qualquer custo e que sempre devemos honrar nossos compromissos. Pensam que essa atitude acabará com todo o seu aprendizado e lhes tirará todos os princípios pelos quais sempre zelaram, transformando-as em pessoas desonestas.

Eu concordo, sim, que a nossa palavra dada e a nossa reputação são coisas muito importantes para ser o humano, e devemos ter e manter nossos valores de honra, respeito, compromisso e lealdade. Mas o que devemos também considerar é que esses valores não estão sendo aplicados em ambos os lados.

Observe como analiso a situação. Nas comunidades judaica e japonesa mais tradicionais, tudo é baseado na confiança absoluta em cada membro da comunidade. Quando alguém precisa de

CAPÍTULO 5 AS REGRAS QUE NINGUÉM LHE CONTOU SOBRE O DINHEIRO

ajuda para começar um novo negócio ou por outra necessidade qualquer, a comunidade inteira se mobiliza e contribui emprestando dinheiro. E esse empréstimo é muitas vezes sem juros, sem contrato, apenas selado com a palavra e o aperto de mão entre as partes. Isso é o suficiente. A pessoa havia dado sua palavra de que devolveria o dinheiro emprestado na data combinada.

No nosso caso, porém, observe que não se aplica essa mesma honra para o outro lado acordado! Você não concorda?

Não é justo quando, por falta de opção, aderimos a um serviço ofertado, com regras "escondidas", e quando nos damos conta, já estamos endividados com uma instituição financeira que não se preocupa com honra e justiça em nenhum momento, apenas zela pelo lucro mais alto possível e o prioriza.

Quando estamos "jogando no outro time", as regras mudam. Por exemplo, quando "emprestamos" dinheiro ao banco (poupança) este nos paga a taxa máxima de 6% ao ano, mas quando "voltamos ao nosso time", ao tomarmos um empréstimo, o banco pode cobrar até 400% de juros ao ano! Pode me mostrar onde estão a honra, a justiça entre as partes e a hombridade?

Então, meu querido leitor, entendo perfeitamente que você tem os seus princípios e a sua palavra. Admiro, respeito e concordo com tudo isso. Contudo, neste caso, mais uma vez repito, isso não se aplica igualmente para ambos os lados.

Faremos de tudo sempre para honrar nosso nome e nossa palavra, mas neste momento precisamos fazer o certo e cuidar da sobrevivência da nossa família. Precisamos tomar as decisões corretas, raciocinar "friamente" e ter a certeza de que somente dessa forma conseguiremos tomar a única decisão possível. Fique tranquilo, deixe que "protejam" seu nome e se seguir passo a passo tudo o que está aprendendo aqui, garanto

BEN ZRUEL EU VOU TE ENSINAR A SER RICO

que não permanecerá assim por muito tempo. E esse tempo será de extrema importância para você organizar toda a sua vida financeira. Confie em mim!

Vamos relembrar: como já relatei, nos meus primeiros anos vivendo no Brasil, minha situação financeira não era muito boa e, além do mais, por falta de conhecimento também tomei algumas decisões financeiras muito erradas e meu nome ficou "protegido" durante algum tempo. Não tinha acesso a talões de cheques, nem a cartões de crédito... É uma situação que não permite algumas "comodidades" do dia a dia, porém, se analisar a situação por outro ângulo, é uma ótima época para aprender a trabalhar com o próprio, único e real dinheiro que possui naquele momento. Todas as suas compras passam as ser adquiridas com dinheiro à vista, como deveriam ter sido o tempo todo, mas nunca ninguém nos explicou essa regra.

Em relação ao tempo que o nome pode ficar negativado no SPC e no Serasa, alguns funcionários de empresas de cobrança, bancos e financeiras informam, *erroneamente*, que não há mais a prescrição em relação às dívidas e ao cadastro no SPC e no Serasa, e que o nome pode permanecer por tempo indeterminado. Essa informação *não* procede.

O *Novo Código Civil* é claro quando afirma, no artigo 206, § 5º, que "o direito de cobrança de dívidas prescreve no prazo de cinco anos". Após esse período, a contar da data de vencimento da dívida (não da data do cadastro), a restrição deve ser excluída automaticamente.

Portanto, se firmamos novo acordo de renegociação, a dívida anterior é extinta e, automaticamente, passa a valer uma nova dívida. No caso, *o nome do devedor deve ser retirado dos cadastros negativos após o pagamento da primeira parcela.*

CAPÍTULO 5 AS REGRAS QUE NINGUÉM LHE CONTOU SOBRE O DINHEIRO

O que ocorre é que se você tinha uma dívida, mesmo que ela fosse "vendida" ou "cedida" para outras empresas de cobranças, o prazo de cinco anos para a prescrição da dívida será mantido.

Apesar de o meu método ensinar a quitar as dívidas em um ano, compartilho essas informações para esclarecer que parte da "força de negociação" com as instituições financeiras vem do fato de que a restrição tem prazo de cinco anos (exceto dívidas ajuizadas), e isso é um dos grandes motivos pelo qual os credores tendem a renegociar a dívida o mais depressa possível, ou seja, saem das "regras do jogo" e você não!

B. Vão bloquear os meus bens e tirar tudo o que eu tenho?

Novamente, o banco se aproveita da nossa falta de conhecimento!

As pessoas temem que o banco "tome" todos os bens que adquiriram ao longo da vida.

Então esclareço também esse ponto para "entrarem no jogo" mais confiantes e tranquilos.

Caso o banco resolva abrir um processo judicial contra você (chance mínima de isso acontecer), a casa em que você e sua família moram é *impenhorável* (bens de família), não importa o valor do imóvel nem o da dívida.

Automóvel e dinheiro em conta corrente ou poupança somente serão penhorados/bloqueados se ainda estiverem em seu nome.

Na prática, bancos e outras instituições financeiras não costumam entrar com ações de cobrança judicial, apenas para casos em que há um bem financiado, por exemplo, automóvel, máquina etc. E, no caso de grandes dívidas, costumam optar pela ação de cobrança judicial quando já levantaram a informação e estão certos de que o devedor tem posses ou bens para custear a dívida.

Não seria pertinente que as instituições financeiras tivessem de entrar com ações de cobrança judicial contra cada uma das pessoas que devem. Tenha certeza que são dezenas de milhões de pessoas. Seria o caos e certamente reduziriam em muito sua margem de lucro, pois teriam de arcar com despesas de advogados e custos processuais (valores pagos para ações do tipo). Esses valores seriam verdadeiras fortunas, pois grande parte dos devedores não tem condições e bens para pagar a dívida e, mesmo que tivessem, não compensa aos credores arrecadar bens para levar a leilão e cumprir com toda a burocracia da justiça, a qual pode levar anos para ser solucionada.

Portanto, a conduta adotada por parte das instituições financeiras é levar o nome do devedor ao SPC e tentar "infernizar" sua vida com empresas de cobrança que, com ligações e outros meios de comunicação, fazem ameaças psicológicas, e no fim, tentam renegociar e receber o máximo possível do credor, somente isso.

C. Vou ser preso?

Dever não é crime (desde que a pessoa não tenha contraído a dívida já premeditando não pagá-la, pois nesse caso é estelionato), ainda mais quando a dívida originou-se da cobrança de juros, multas e outros encargos absurdos e o devedor já não consegue mais cumprir com seus compromissos pessoais e familiares.

No Brasil, os municípios devem ao Estado; o Estado deve ao governo federal e o governo federal deve para o mundo todo. A dívida pública federal está hoje por volta de 2,9 trilhões de reais. E, desculpe-me pela minha sinceridade, não vejo nenhum servidor público perdendo o sono por isso.

CAPÍTULO 5 AS REGRAS QUE NINGUÉM LHE CONTOU SOBRE O DINHEIRO

No Brasil, você só será preso por dívida em duas situações: se não pagar pensão alimentícia ou se for depositário infiel (caso seja responsável por bem penhorado e não o tenha devolvido quando requisitado).

Você deve estar ciente de que não ficou devendo porque quis, mas porque teve de fazer a escolha entre pagar juros absurdos ou colocar alimento na mesa. **Você não será preso por dever**.

Os credores têm o direito de cobrança (ligar, mandar cartas), mas o direito deles vai até onde começa o seu. Portanto, cobranças abusivas, que começam a incomodar, em locais e horários impróprios e que proporcionam vulnerabilidade moral não são permitidas e você deve buscar seus direitos judiciais. Sendo até mesmo possível, acionar direitos morais, se for o caso.

D. Vão colocar cada vez mais juros e isso vai virar uma "bola de neve"?

Esse é um dos maiores medos dos endividados quando aconselho a parar de tentar renegociação. Temem que os juros aumentem ainda mais a dívida, mês após mês, incontrolavelmente.

Vamos esclarecer mais um ponto importantíssimo de como as coisas realmente funcionam na prática. Quando tentar negociar com o gerente do banco e questioná-lo sobre o que acontece se parar de pagar a dívida renegociada, a resposta dele certamente será a de que cobrarão juros sobre juros, mês após mês, até a data da efetiva quitação integral. Ele também vai afirmar que não tem limite de prazo nem de valor de quanto a dívida poderá crescer.

Isso é verdade, na teoria.

As informações que vou passar são difíceis de obter em outro lugar, mas qualquer gerente de banco com conhecimento de causa e boa vontade pode confirmá-las.

BEN ZRUEL EU VOU TE ENSINAR A SER RICO

Vamos imaginar que o seu cartão de crédito está com o limite ultrapassado e você não tem a mínima condição de quitar a fatura integralmente. Assim, a única opção é parar de pagá-lo. Na prática, o banco cobrará juros sobre juros apenas nos primeiros seis meses. A fim de intimidá-lo, o banco pode apresentar faturas futuras com valores mais altos do que os primeiros seis meses anteriores, mas o que vale realmente são os valores dos primeiros seis meses. Isso ocorre por conta da PDD (Provisão para Devedores Duvidosos).

Importante ressaltar: o banco só vai parar de atribuir juros seis meses após você **parar de pagar qualquer valor**. Se durante esse tempo, você insistir em tentar renegociar ou pagar o mínimo, todas essas informações que passo são inválidas! As regras dos seis meses só funcionam a partir do momento em que você *parou de pagar*!

E é importante que o processo ocorra exatamente assim, porque o banco negocia com quem não está pagando. Se você paga algum valor da dívida, o banco entende que você está concordando com a prática de cobrança. Portanto, a triste realidade é que se você insiste na renegociação até o seu limite máximo e faz pagamentos habituais da dívida, ficará nas mãos do sistema bancário, no qual as regras só beneficiarão o próprio banco, deixando você cada vez mais sem solução.

Vamos esclarecer também como funciona o sistema bancário. Alguns aspectos mudam de um banco para outro, mas o sistema possui um funcionamento geral comum a todas as instituições.

A partir do momento em que o banco percebe a inadimplência do cliente, começa um processo agressivo de cobranças (que vou relatar a seguir). Nessa hora, o objetivo final do banco muda. Em vez de querer obter ganhos com juros abusivos, passa a

CAPÍTULO 5 AS REGRAS QUE NINGUÉM LHE CONTOU SOBRE O DINHEIRO

querer apenas recuperar o valor que verdadeiramente forneceu. Desse modo, qualquer valor que o banco conseguir será apenas um bônus nesse momento. Começa então o verdadeiro processo de negociação!

Esteja certo de que a negociação obviamente não se inicia assim que você parar de pagar, pois ainda ocorrerão as tenebrosas cobranças de todas as formas possíveis. Certamente será efetivado o processo de negativação do seu nome. Já afirmei: o direito de um começa onde acaba o do outro!

Portanto, o credor tem todo o direito de inscrever o nome do devedor nessas instituições, e inclusive também pode efetivar todas as formas de cobranças cabíveis que já mencionei, o que sem dúvida pode prejudicar sua vida privada. Vale lembrar que há soluções para alguns incômodos. As ligações telefônicas, por exemplo. Assim como os credores têm o direito de ligar, você também guarda todo o direito de não atender a chamada. Simples assim! Basta ativar o modo de bloquear a ligação no celular e instalar um detector de chamadas no telefone fixo. *Não somos obrigados ouvir desaforos e ameaças!*

Assim que detectarem que você definitivamente não está disposto a pagar a dívida, inicia-se o "segundo estágio" da negociação.

O banco tentará recuperar o valor emprestado, mas ofertará descontos sob o valor total da dívida. E ressalto novamente: **isso só ocorrerá se você tiver a atitude de parar de pagar renegociações mínimas**, ou seja, "quebrar as regras do jogo" impostas somente por eles.

Nos tempos econômicos que estamos vivenciando hoje, cabe uma ressalva. Os bancos e as instituições financeiras estão mais vulneráveis a negociações que podem favorecer o cliente. Em outros momentos, isso poderia demorar um pouco mais para acontecer, chegando ao prazo de um ano para que a primeira proposta fosse enviada. Com essa situação econômica, os bancos também estão sofrendo muitas inadimplências, então as propostas começam a surgir no prazo de seis meses ou até antes. Habitualmente, vão ofertar a princípio o valor total da dívida com um pequeno desconto. Conforme os meses vão passando, as propostas vão melhorando.

O que você fará nesse momento? O seu plano é quitar todas as suas dívidas em doze meses.

O plano contém dois passos iniciais. O primeiro você já aprendeu no capítulo anterior: viver com um padrão de vida mais baixo do que você "pode", para sobrar dinheiro todo mês.

O segundo passo é criar uma poupança, que chamará propositalmente de "Libertação das dívidas". Nessa poupança, você guarda uma importância x ao mês, com o único objetivo de quitar todas as suas dívidas. Uma dica: um valor razoável é 10% do valor original das dívidas. Tomando por base o exemplo anterior, a fatura de cartão de crédito de R$ 5.000,00 reais, você poupará R$ 500,00 todos os meses e depois de doze meses terá dinheiro o suficiente para fazer uma contraproposta ao banco, que provavelmente será aceita, e assim obterá a tão esperada quitação integral da dívida, pelo valor que possua em mãos.

Essa proposta, caso queira, pode ser feita antes dos doze meses (em algumas consultorias que prestei recentemente, o banco já começou mandar e aceitar propostas com descontos interessantes já depois de apenas quatro meses!). Nesse caso, sua postura deverá ser a seguinte: "Aceitam ou devo ofertar a outro credor?".

Caso o banco não aceite a sua proposta, não há problema algum. Você deverá manter o plano e em pouco tempo depois, pode confiar: o banco aceitará a proposta.

CAPÍTULO 5 AS REGRAS QUE NINGUÉM LHE CONTOU SOBRE O DINHEIRO

Lembra-se de que depois de cinco anos o registro da dívida no Serasa vai prescrever? Pois é, o banco precisa tomar as providências o mais rápido possível para não perder o valor total. Por isso, conforme o tempo passa, o banco tende a aceitar qualquer valor, pois ele já a considera dívida perdida.

3. UM ÚNICO EMPRÉSTIMO FICARÁ SEMPRE EM UM ÚNICO EMPRÉSTIMO

Aqui está um dos erros mais comuns que devedores cometem.

Muitas vezes, fazemos um novo empréstimo no banco, a fim de solucionar o problema gerado por um antigo empréstimo, com parcelas menores, mas não atentamos a um detalhe importante: o valor total do empréstimo ficará ainda maior.

Por exemplo, você fez um empréstimo de R$ 10.000,00. Seu plano inicial era devolver em doze parcelas de R$ 1.100,00.

Depois de pagar duas parcelas, perdeu o seu emprego, ou teve baixa no faturamento do negócio. Assim, não consegue mais arcar com as parcelas. Retorna ao banco relatando o ocorrido sobre sua nova realidade e o banco oferta, a fim de "ajudar", uma renegociação do empréstimo com um novo empréstimo de prazo maior e parcelas menores. Agora são 24 parcelas de R$ 800,00.

Se você não conseguiu pagar as parcelas de R$ 1.100,00, também não conseguirá pagar as de R$ 800,00. Acredite!

Talvez até consiga pagar as primeiras mas, provavelmente, mesmo se esforçando, terá dificuldade em continuar e a dívida que antes era de R$ 10.000,00 passa a ser de R$ 19.000,00 e, se insistir em renegociar, ela seguirá aumentando.

Relato a seguir a história de um aconselhamento financeiro que prestei a uma pessoa cheia de dívidas. O empréstimo dela era de mais de R$ 80.000,00. Quando questionei o valor alto, ele me respondeu, para minha surpresa até então, que esse empréstimo na verdade iniciou-se com apenas R$ 9.000,00, oito anos antes. Desde o início ele não conseguiu pagar as parcelas e várias vezes ao longo dos anos já havia renegociado, trocando por um com prazo maior e parcelas menores, e o resultado, infelizmente, foi essa dívida monstruosa. E o triste é que todo o esforço para pagar foi em vão, pois ele não tinha mais condições de continuar pagando as parcelas, e o que ele tentava evitar o tempo todo era o seu nome ser negativado, o que de fato aconteceu, porém com um agravante: em vez de a dívida ser de R$ 9.000,00, o valor original e que poderia depois de um ano ter sido negociado e quitado, ele enfrentou uma "negociação" de oito anos, perdeu milhares de reais e a dívida aumentou. Seu nome foi negativado, mas com o valor de R$ 80.000,00.

"Para sair do buraco, primeiro é preciso parar de cavar."

Então, a regra é muito simples, e repito: se você fez um empréstimo e não tem condições de pagá-lo, seja qual for o motivo, **nunca** faça um novo empréstimo para pagar o primeiro.

Seja honesto consigo mesmo e assuma que não tem condições de pagar, arque com as consequências e comece a poupar para simplesmente quitar o empréstimo *de uma única vez*.

No caso da história acima, se a minha filosofia tivesse sido adotada, se a pessoa soubesse o caminho correto e conhecesse

CAPÍTULO 5 AS REGRAS QUE NINGUÉM LHE CONTOU SOBRE O DINHEIRO

as "regras do jogo", jamais renegociaria a dívida e, sem dúvida, manteria o valor inicial emprestado. No prazo de doze meses já estaria com a dívida quitada, livrando-se do incômodo.

A história da Katia é um relato autêntico semelhante ao de muitos indivíduos no Brasil. Acredito que você conheça outras pessoas que estejam vivendo da mesma maneira:

"Tudo começou em fevereiro de 2008, quando atingimos o limite do nosso cartão de R$ 9.500,00. Nesse momento, o valor era bem maior que nossos salários, consequentemente não conseguimos pagar o valor total da fatura. Foi quando caímos na armadilha de pagar o mínimo. Durante 18 meses, pagamos o mínimo acreditando que dessa forma um dia quitaríamos a dívida.

Em outubro de 2010, meu esposo recebeu uma parte da herança de sua mãe e resolvemos quitar a dívida do cartão. Fomos até o banco com a intenção de negociar o valor e quitar com desconto, já que pagaríamos à vista. Para nossa surpresa, o banco não concedeu desconto nenhum, mesmo com a alegação de que nesses 18 meses já havíamos pago por volta de R$ 21.600,00 através do pagamento mínimo. Não adiantou nada. Descobrimos na prática que banco não negocia com "bons pagadores".

Começamos o que eu pensava ser uma nova página em nossas vidas – limites liberados e marido ganhando razoavelmente bem na época. E assim voltamos aos velhos e maus hábitos de consumo. Em apenas três meses, estourei o limite do cartão outra vez!

Estava devendo R$ 9.000,00 no cartão e voltamos a pagar o mínimo por mais seis meses (nesses meses, pagamos o mínimo, que totalizou R$ 9.450,00, mais do que a dívida original). A partir do sétimo mês, não conseguimos arcar com mais nada, nem as contas da casa.

Sem enxergar outra saída, começamos a utilizar o cheque especial para pagar as contas básicas.

BEN ZRUEL EU VOU TE ENSINAR A SER RICO

Por medo de perder totalmente o controle, resolvemos financiar o cartão. Resultado: dívida com o dobro do tamanho.

O pior não foi aumentar a nossa dívida e, sim, no segundo mês já não conseguirmos pagar o novo financiamento, mas dessa vez o valor estava bem maior.

Ao longo desse período, participei de um treinamento sobre administração financeira com Ben Zruel. Ele ensinou que a única maneira de resolver essas dívidas seria com a atitude do tudo ou nada. Sinceramente, quando ouvi aquilo, fiquei horrorizada. Naquela época, nossa crença era a de que não podíamos deixar o nosso nome "sujar", que tínhamos de ser honestos a qualquer custo e pagar as nossas dívidas. "Dai a César o que é de César, e a Deus o que é de Deus" era o nosso "lema", jamais menosprezando a palavra de Deus.

Em questão de quatro anos, as dívidas chegaram ao valor de R$ 86.000,00 no cartão e de R$ 34.000,00 no cheque especial.

Nesse momento, percebemos que não havia outra saída: ou aceitaríamos os ensinamentos do Ben e aprenderíamos as regras do jogo ou não sei aonde essa dívida poderia chegar.

E foi assim. Paramos de tentar pagar ou negociar com os bancos e aconteceu exatamente o que Ben ensinou.

Os bancos, ao perceberem que não estávamos dispostos a pagar mais nada, começaram, após seis meses, a mandar propostas para quitar as dívidas com descontos cada vez maiores. Deixamos as propostas virem até que, dois anos depois, a última proposta era bem atrativa.

Conseguimos quitar a dívida do cartão pagando somente R$ 5.000,00 e a dívida do cheque especial ficou por R$ 2.500,00.

Hoje em dia, optamos por não utilizar mais o cartão de crédito, nem o "limite especial" em nossas contas. Aprendemos a usar o dinheiro à vista e se queremos comprar algo, poupamos!"

CAPÍTULO 5 AS REGRAS QUE NINGUÉM LHE CONTOU SOBRE O DINHEIRO

4. TENHA CONTROLE EMOCIONAL

Quando nos encontramos em uma situação de endividamento, é muito difícil controlar o emocional.

Problemas com dinheiro ferem nosso orgulho, abalam nosso ego. Nós nos sentimos fracassados e passamos a questionar: "Como cheguei a esse ponto?".

Já presenciei pessoas com problemas financeiros desanimadas, sem disposição para o trabalho, sem vontade de viver. Indivíduos que ficaram doentes porque estavam "atolados" em dívidas e já não viam mais a "luz no fim do túnel".

Claro que ninguém é parabenizado por estar com dívidas, mas caso você esteja endividado, devo dizer: não seja tão duro consigo.

No mundo de hoje, onde o apelo ao consumo é muito forte, é muito fácil nos distrairmos e perder o controle da situação, cometendo erros financeiros. Você não está nessa situação porque quis, mas, sim, porque tomou várias decisões erradas. **Levante a cabeça! Você não é um fracassado**. É apenas um ser humano, passível de erros. Reflita!

Não crie novos problemas. Muitas vezes vejo discussões familiares e problemas conjugais decorrentes de questões financeiras. Não permita que as finanças causem novos transtornos.

Errar é humano. No entanto, persistir no erro é burrice! Então, a partir de agora, não há mais desculpas: aplique tudo o que aprendeu neste livro e resolva a sua situação de uma vez por todas. E jamais cometa os mesmos erros!

Muitas pessoas com problemas financeiros ficam noites sem dormir. Aí eu digo: "Quem não deveria dormir é quem não está recebendo, não você!". Encare a vida com bom humor. Isso ameniza várias situações. Confie em mim!

99

O controle emocional será fundamental para você conseguir seguir passo a passo o que aprendeu anteriormente neste livro. A coragem e a determinação virão do seu controle emocional, tenha certeza! Manter suas decisões, independentemente das circunstâncias e das opiniões (pois elas virão), fará com que permaneça firme e convicto nas suas escolhas até o fim.

Se no primeiro desconforto, como cobranças, por exemplo, você fraquejar, meus ensinamentos não vão valer muito. Observo muitas pessoas com medo de expor a vida financeira que fazem qualquer coisa apenas para continuar mantendo as falsas aparências por mais algum tempo.

Insistir em não se desfazer de bens, por exemplo, é uma delas. Continuam mantendo o mesmo padrão de vida falso, elevado, que nunca foi compatível com os seus ganhos verdadeiros. Essas pessoas precisarão entender, de uma vez por todas, que para solucionar suas dívidas, é preciso estarem dispostas e determinadas a manterem sua decisão e postura até o final. E eu garanto que, em pouco tempo, terão vida nova!

CAPÍTULO 6

CONQUISTE A LIBERDADE FINANCEIRA

Chegamos ao capítulo no qual vamos aprender como construir a nossa liberdade financeira. Imagino o seu alívio. "Ufa! Até que enfim chegou o capítulo que eu estava esperando."

Com certeza, você já percebeu que não adianta querer ficar rico e querer liberdade financeira sem seguir os passos que aprendemos nos capítulos anteriores. Primeiro, é necessário viver com um padrão de vida mais baixo do que os seus ganhos lhe permitem. Segundo, é preciso quitar as dívidas que possui utilizando o meu método.

Agora é que começa a construção da liberdade financeira.

A liberdade financeira está relacionada em ter uma renda passiva mensal e vitalícia, capaz de atender a todas as suas despesas mensais.

Renda passiva é aquela que você recebe sem ter de trabalhar ativamente por ela. Podem ser consideradas rendas passivas: investimentos financeiros, aluguéis, *royalties*, direitos autorais, entre outras.

Aqui, surge um grande problema. **As pessoas tendem a pensar que poupar dinheiro todos os meses será suficiente para conseguir a tão sonhada liberdade financeira.** Antes de continuar, porém, queria explicar um pouco a diferença, no meu ponto de vista, entre poupança e investimento.

Poupança ou qualquer aplicação sempre dará um retorno (juros) ligado ao valor poupado. Poupando R$ 1.000,00, você terá um retorno com juros de 0,6% em cima desse valor. Colocando R$ 20.000,00 em uma poupança, você terá o mesmo retorno de 0,6% sobre o valor.

O retorno sempre estará ligado ao valor poupado. Por isso, é muito demorado criar liberdade financeira utilizando somente a poupança. Hoje em dia, com a inflação maior que os juros da poupança, essa tarefa é praticamente impossível.

Com os investimentos, a história é bem diferente. O retorno de um investimento pode ser muitas vezes desproporcional ao valor investido.

Agora, a pergunta que não quer calar: qual investimento dá o maior retorno?

Algumas pessoas responderão "imóveis; outras vão dizer "ações" e outros tipos de investimento, mas o melhor investimento, o mais inteligente e que dá um retorno inúmeras vezes acima do valor investido... **é o investimento que fazemos em nós mesmos!**

INVESTIR EM NÓS MESMOS!

O investimento em nosso desenvolvimento pessoal, em nosso conhecimento, é o investimento mais lucrativo que existe.

Um livro que tem um custo de R$ 30,00 pode conter informações e conhecimento que podem lhe dar um retorno incalculável no futuro. Um seminário ou uma palestra pode demandar algum investimento, mas pode dar um retorno infinitamente maior.

Infelizmente, muitas pessoas não entendem isso e não investem em si mesmas. A maior prova disso é que, no shopping,

CAPÍTULO 6 CONQUISTE A LIBERDADE FINANCEIRA

a praça de alimentação está quase sempre lotada e as livrarias muitas vezes estão vazias.

Fico feliz que você tenha dado o primeiro passo e investido no seu conhecimento ao adquirir este livro. Garanto que o valor dele ultrapassará em muito o que foi investido em dinheiro.

Entre dinheiro e conhecimento, escolha sempre o conhecimento.

CUIDE DO SEU CORPO

O segundo melhor investimento é sua saúde, principalmente na prevenção de doenças. Tenha bons hábitos alimentares e tome suplementos regularmente. Pratique atividade física pelo menos de três a quatro vezes por semana e tenha uma boa noite de sono.

Pessoas com um estilo de vida saudável possuem menos chances de desenvolver doenças e isso se reflete em menos gastos com hospitais e remédios, além de mais disposição para produzir e crescer. De que adianta construir a nossa liberdade financeira se estivermos presos em um corpo doente?

CUIDADO COM O DESPERDÍCIO DE TEMPO!

O maior desperdício que o ser humano pode cometer é de tempo. Tempo não é apenas dinheiro. Tempo é vida. A vida não pode ser recuperada. Cada segundo perdido é um segundo que não volta mais. O dinheiro pode ser recuperado, mas o tempo não.

Quero que você pense nos grandes empresários que admira. O que eles têm de tão especial? O que realizam que chama a sua atenção? Como você acha que administram seu tempo? Quais são suas prioridades?

Todos possuem as mesmas 24 horas por dia que você. A única diferença é como essas pessoas investem suas 24 horas.

O comum a todas as pessoas bem-sucedidas é que são altamente eficientes em relação ao tempo delas.

Um grande exemplo desse desperdício é o tempo médio que os brasileiros gastam assistindo à TV e acessando redes sociais todos os dias, que hoje gira em torno de duas a três horas, às vezes muito mais. Em dez anos, isso significa mais de 7 mil horas perdidas na frente da tela. O tempo equivalente para uma pessoa se formar em Medicina jogado no lixo!

Nos dias atuais, precisamos tomar muito cuidado com as distrações, como mensagens, *feeds* de notícias, entre tantas outras. Eu sei da importância das redes sociais: elas nos conectam, abrem alguns horizontes. Não estou questionando esse ponto, mas, sim, o tempo desperdiçado excessivamente com elas e que poderia ser utilizado de forma muito mais produtiva.

Você poderia me perguntar: "Ben, quero aproveitar melhor meu tempo, mas o que devo fazer?". Minha sugestão é colocar limites nos horários do seu dia para se conectar nas redes sociais. Estipule um período por dia para leituras ou vídeos de desenvolvimento pessoal e assuntos para o seu crescimento. Tenha um horário definido para cada tarefa que precisa ser realizada ao longo do dia. Coloque as tarefas diárias em uma agenda, revise

CAPÍTULO 6 CONQUISTE A LIBERDADE FINANCEIRA

sua agenda um dia antes e verifique em aplicativos a média de tempo para se deslocar até seu compromisso. Cuidado ao tentar encaixar novas tarefas que surgem ao longo do dia, pois isso pode comprometer assuntos prioritários.

Tenha senso de urgência. Assim, você estimulará sua mente a produzir o máximo naquele período, evitando qualquer distração.

Não conte com a sorte. No Brasil, principalmente nas grandes cidades, há muito trânsito, o que dificulta a pontualidade. Faça de tudo para ser pontual, mesmo que tenha de sair bem mais cedo. Isso demonstra seriedade e profissionalismo.

Tudo é questão de prioridade e hábitos, mas esse assunto por si só daria outro livro...

CARTÃO DE CRÉDITO: VILÃO OU MOCINHO?

> # Cartão de crédito e inteligência financeira são atraentes. Pena que o cartão de crédito é mais usado que a inteligência

Cartão de credito é vilão ou mocinho? A opinião sobre esse assunto é dividida entre muitos especialistas. Muitos defendem

107

a tese de que, sabendo utilizar corretamente, o cartão de crédito pode ser um aliado, que permite muitas vantagens, sendo uma forma mais segura de efetuar as suas compras. Eis algumas vantagens:

- Ter um cartão de crédito na carteira é mais cômodo e seguro do que carregar dinheiro; também é possível parcelar seus pagamentos sem juros, evitando distribuir cheques pré-datados, os quais, na maioria das vezes, acabam caindo nas mãos de terceiros;
- Com um cartão de crédito, é possível concentrar os gastos realizados durante o mês em uma só conta, possibilitando melhor controle dos gastos uma vez que a fatura vem bem detalhada. Podemos saber quanto gastamos no supermercado, com combustível, farmácia, restaurante, lazer, entre outros gastos. Também é possível aproveitar os benefícios oferecidos pelos cartões, como os *programas de pontos*, que permitem a troca de pontos acumulados em compras por passagens aéreas, produtos ou serviços;
- Em situações emergenciais ou de imprevistos, nas quais é preciso fazer algum pagamento não programado, o cartão de crédito pode ser útil. Além disso, é possível ter até quarenta dias para fazer esse acerto antes de pagar juros.

Realmente, não há como negar os benefícios que obtemos na utilização do cartão de crédito. É um grande facilitador. Entretanto, como não tenho nenhuma pretensão de ser politicamente correto e representar os dois lados da moeda, vou falar abertamente minha opinião sobre o cartão de crédito: **é um vilão**. E é o grande responsável por causar muita dor e problemas

CAPÍTULO 6 CONQUISTE A LIBERDADE FINANCEIRA

financeiros na vida de muitos brasileiros. Considero o cartão de crédito um grande problema pelos seguintes motivos:

- O cartão é distribuído – para não dizer *empurrado* – nas mãos de uma parcela da população que não tem conhecimento e que não foi financeiramente educada para fazer o uso consciente dessa ferramenta. É como um carro: nas mãos de pessoas preparadas, é uma grande vantagem; nas mãos de pessoas despreparadas, pode se tornar uma grande arma.
- Hoje em dia, somos bombardeados diariamente com ofertas de consumo nas quais as palavras mágicas *pagamentos no cartão em dez vezes sem juros* nos deixam hipnotizados. Com frequência, as pessoas perdem a noção de que esse "dinheiro de plástico" se torna muito real no dia da chegada da fatura;
- Estamos vivendo uma realidade econômica extremamente instável, na qual o emprego não representa garantia de segurança. Sem aviso prévio, você pode se encontrar desempregado e sem renda;
- Para fechar esse cenário impossível com chave de ouro: hoje, os cartões de crédito praticam juros anuais absurdos de até 400% para os usuários que não pagam suas faturas em dia.

Responda: qual a chance de um usuário frequente de cartão de crédito não falhar em nenhum dos meses no dia do pagamento da fatura? A chance é praticamente nula. Isso pode formar uma grande bola de neve de problemas financeiros. Em todas as consultorias financeiras que prestei, sem exceção, constatei: a dívida com cartão de crédito sempre estava presente!

BEN ZRUEL EU VOU TE ENSINAR A SER RICO

72% dos brasileiros não sabem quanto pagam pelos juros no crédito rotativo quando deixam de quitar o valor integral da fatura!

Fonte: Estudo do Serviço de Proteção ao Crédito
(SPC Brasil)

Como o objetivo deste livro é salvar sua vida financeira, vou dizer o que penso sobre cartão de crédito: se você não é uma pessoa extremamente controlada e disciplinada e não conta com ganhos estáveis e reserva financeira no banco, a melhor maneira de utilizar o seu cartão é *com uma tesoura*: vá até sua cozinha, pegue uma tesoura e use-a para cortar todos os seus cartões!

"Nossa, Ben, você é muito radical! Às vezes, precisamos dos cartões para emergências!". Este é um argumento que já ouvi várias vezes, mas o fato é que não consigo pensar em uma situação de emergência que não consiga ser resolvida com dinheiro na mão. O que costumo presenciar, no entanto, é exatamente o contrário: as pessoas acabam tendo problemas emergenciais *justamente* porque têm um cartão de crédito, e acabam utilizando-o de forma inadequada.

Falo isso do fundo do meu coração: não importa o tamanho dos seus esforços, se você não é uma pessoa controlada por natureza, o cartão de crédito na sua carteira é uma bomba-relógio capaz de explodir a qualquer momento. Cansei de ver pessoas

CAPÍTULO 6 CONQUISTE A LIBERDADE FINANCEIRA

que, ao quitarem a dívida do cartão e jurarem nunca mais repetir os mesmos erros, acabam novamente com o cartão estourado meses depois.

"Ben, mas às vezes não temos dinheiro na hora, só teremos no mês que vem!". Nesse caso, compre à vista no mês que vem! A utilização do cartão é com certeza algo muito confortável. Como qualquer avanço tecnológico, às vezes não conseguimos imaginar nossa vida sem ele. A verdade, porém, é que o cartão de crédito não é essencial. Pelo menos não da forma como imaginamos.

Nos primeiros anos da minha vida no Brasil, vivi sem cartão de crédito. E a verdade é que não é o fim do mundo. O fim do mundo chega de verdade quando fazemos uso descontrolado dele.

Antes de usar um cartão de crédito, tenha a certeza de que você possui a disciplina necessária para não cair nas tentações. Se achar que não tem, jogue seus cartões de crédito fora e utilize somente cartões de débito. Administrar nossa vida financeira utilizando apenas o cartão de débito talvez não seja tão divertido, mas é um milhão de vezes mais seguro!

É possível que você não consiga imaginar a vida sem um cartão de crédito, então aqui vão algumas dicas que aumentarão sua segurança na hora de utilizar o seu:

- *Tenha somente um cartão de crédito.* Não caia na tentação de ter vários, pois será muito mais complicado controlá-los. Recuse ofertas de cartão de qualquer estabelecimento, mesmo aquelas que prometem isenção de anuidade e outros benefícios. Não valem o risco. Fique somente com um. Se cartão de crédito fosse algo realmente valioso e essencial, as empresas não *empurrariam* um monte deles em cima de você;

BEN ZRUEL EU VOU TE ENSINAR A SER RICO

- *Tenha um cartão de crédito com limite baixo.* Seu limite não deve ultrapassar seus ganhos mensais. Preferencialmente, ele deve estar bem abaixo de sua renda. Não permita que o banco aumente o limite de seu cartão;
- *Utilize a opção de débito automático para pagar sua fatura.* Essa dica é fundamental. De preferência, faça o débito no mesmo dia do mês em que recebe seu salário. É importante pagar a fatura em dia a qualquer custo, mesmo que isso signifique usar o limite do cheque especial, pois qualquer dívida, incluindo a do cheque especial, é mais barata e mais fácil de quitar do que a dívida do cartão;
- *Não use o cartão de crédito para compras mensais.* Saiba que não há vantagem nenhuma em utilizar o cartão para pagar contas como a do supermercado. Isso só aumenta o risco de gastar mais que o necessário – pois *é só passar o cartão* – e pode complicar o pagamento da fatura quando ela chegar.

Você sabia que, na vida, só podemos pagar a prazo uma única vez em cada estabelecimento? A próxima compra será sempre paga à vista! Vou explicar: se você compra no supermercado e utiliza o cartão, teoricamente está pagando somente trinta dias para a frente, certo? Contudo, na próxima vez que for ao mesmo supermercado e passar a compra no cartão para os trinta dias, estará, na verdade, pagando à vista a compra do mês passado, e assim por diante. É como pagar uma mensalidade do supermercado: se você gasta R$ 200,00 hoje e parcela o valor em duas vezes e faz isso de novo no mês que vem, dá no mesmo que não parcelar, uma vez que as parcelas são somadas na sua fatura. Nesse sentido, teria sido mais seguro e evitaria

CAPÍTULO 6 CONQUISTE A LIBERDADE FINANCEIRA

possíveis juros se você tivesse pago as duas compras à vista. Mais algumas dicas:

- No momento da compra, anote todas as despesas realizadas com o cartão de crédito para que saiba onde e em quais produtos gastou mais;
- Não ande com o cartão de crédito. Guarde-o em casa a sete chaves e só o use depois de pensar se ele realmente é necessário. Muitas das nossas compras são impulsivas e emotivas e poderiam ser evitadas caso não fossem efetuadas naquele exato momento. Voltar outro dia para comprar lhe permite ter tempo para pensar se a compra é realmente necessária;
- A compra em dinheiro é essencial para controlar nossas finanças. Comprar com dinheiro nos obriga a gastar somente o que temos em mãos, sem contar com ganhos futuros. Além disso, o dinheiro suado em nossas mãos tem um impacto simbólico maior do que o "dinheiro virtual" do cartão de crédito. Isso pode nos ajudar a frear compras impulsivas;
- Pensar em acumular milhas e pontos só é uma atitude válida em compras que você faria de qualquer jeito. Essas compras só podem ser feitas se você tiver condições de comprar em dinheiro;
- Não alimente o hábito de comprar coisas no cartão apenas para ganhar pontos, pois o risco de aumentar a fatura de forma desnecessária não vale a pena;
- Tome muito cuidado com a sua senha e com as compras eletrônicas.

QUANDO É JUSTIFICADO O USO DO CARTÃO?

Guarde o que vou dizer: *a única compra que realmente justifica o uso do cartão é aquela efetuada para realizar um novo negócio ou para adquirir produtos (capital de giro) que vão lhe render lucros no futuro.* Nesse caso, o uso do cartão vai ajudá-lo a progredir financeiramente. No entanto, depois de feita a compra no cartão, é recomendável aprender a trabalhar mês após mês e voltar a utilizar o dinheiro.

Para finalizar as dicas sobre o cartão de crédito, não posso deixar esta lição de fora: **nunca empreste o cartão para ninguém, nem para a família nem para os amigos**. Não empreste nada a ninguém. "Mas, Ben, como assim nunca emprestar?"

A melhor maneira de perder amigos e dinheiro é emprestar. Em muitos casos, a pessoa não pagará, ficará com vergonha e fugirá de você. Aí, você ficará sem o dinheiro e sem o amigo.

Quem empresta dinheiro são os bancos. Eles são loucos para emprestar. Peça a uma pessoa para ir ao banco pedir um empréstimo. Ela irá dizer: "Mas eu não consigo pegar empréstimo/cartão no banco". Pois é, você acha que é por que ela é uma ótima pagadora?

"Mas, Ben, eu não consigo dizer *não*. Fica muito chato dizer *não* para alguém da família que está precisando". Nesse caso, eu pergunto: você prefere cinco minutos de chatice dizendo *não* ou uma vida inteira de chatice brigando com um familiar porque ele não está devolvendo o empréstimo?

"Ben, você não falou que gosta de ajudar as pessoas? Quer dizer que nunca emprestou dinheiro ou cartão para alguém?". A resposta é *sim*. Já emprestei. E, é claro, *tomei na cara*. Aprendi que, quando empresto algo a alguém, considero isso como doação. Se a pessoa me devolver, será um bônus. Estou dando sem esperar receber. E, claramente, estou doando algo que não me fará

CAPÍTULO 6 CONQUISTE A LIBERDADE FINANCEIRA

falta. Isso serve também caso você cometa o erro de emprestar o cartão. Nesse caso, leve em consideração que poderá ser você quem pagará a fatura. Se não for lhe fazer falta, vá em frente, *doe*. Se fizer falta, lembre-se: melhor aguentar cinco minutos chatos do que uma vida chata.

"Tá feliz? Deixa a fatura do cartão de crédito chegar..."

A LIBERDADE FINANCEIRA INICIA-SE NO PRIMEIRO DIA EM QUE VOCÊ COMEÇA A JUNTAR DINHEIRO

Economizar dinheiro é o primeiro passo para conquistar a liberdade financeira.

Um erro muito comum é as pessoas esperarem ver o saldo restante na conta corrente no fim do mês para saber quanto vai sobrar para investir. Isso acontece porque muitos se preocupam que talvez não dê para pagar todas as contas e os compromissos.

Agimos dessa forma porque, nós, seres humanos, fomos "programados" a vida toda para a sobrevivência. Conseguimos sobreviver independentemente das condições. Com o dinheiro, a lógica é a mesma: damos um jeito de pagar nossas contas básicas mesmo quando não temos condições, mesmo estando desempregados.

Por outro lado, não fomos "programados" para crescer e investir dinheiro. **Planejar o futuro não faz parte do nosso instinto**

BEN ZRUEL EU VOU TE ENSINAR A SER RICO

de sobrevivência, mas sim do nosso crescimento pessoal, por isso o esforço para consegui-lo isso precisa ser dobrado.

Quando atrasamos uma conta, temos algum mecanismo de cobrança externa, como juros e cortes de serviços. Contudo, quando nos esquecemos de investir, não há nenhuma força externa que vai nos punir ou cobrar. Por essa razão, é tão fácil deixar de fazer uma coisa que é *fundamental* para o nosso sucesso.

É primordial definir o valor mensal a ser poupado e investido, e retirá-lo da sua conta no mesmo dia em que recebeu, seja o seu salário ou o lucro dos negócios. Antes mesmo de pagar qualquer conta! Qual a importância desse comportamento? A primeira é o lado psicológico, sentir que há frutos do seu trabalho, que há propósito, que está trabalhando para construir o seu futuro e o da sua família, não apenas para sobreviver mês após mês. Se investir primeiro, você garantirá o êxito da construção do seu patrimônio líquido; caso deixe para investir no final do mês, muitas vezes encontrará a conta zerada.

Assim que o dinheiro cair na conta, invista o percentual imediatamente.

Muitos de vocês pensam: "Mas e se eu tirar no início e depois faltar dinheiro para pagar as contas, como fica essa situação?". A resposta é muito simples. Caso venha a faltar dinheiro para

CAPÍTULO 6 CONQUISTE A LIBERDADE FINANCEIRA

pagar alguma conta no fim do mês, tenho certeza absoluta de que como somos programados para sobreviver, você dará um jeito e achará uma maneira de pagar essa conta. Entretanto, se faltar dinheiro para depositar na sua conta dos investimentos, tenho certeza de que você não vai ficar sem dormir por isso e ficará com aquela falsa promessa: "No mês que vem, eu pouparei".

Podemos definir um valor mensal ou uma porcentagem dos nossos ganhos para investir, mas o que realmente importa é que a separação do dinheiro que vai para o investimento será feita imediatamente na hora em que somos pagos.

Crie o compromisso com você mesmo, mês após mês. "Faça sol, faça chuva, sempre vou me pagar primeiro!". Em questão de poucos meses, garanto que você vai começar a acumular uma quantia de dinheiro que vai lhe dar muito orgulho e segurança de que está no caminho certo para a sua liberdade.

Vale lembrar que o valor investido precisa caber nos seus ganhos. Escolha um valor desafiador, mas suportável. A melhor forma para nunca esquecer é programar a aplicação automática desse valor saindo da sua conta no dia em que você recebe. Essa é a forma mais segura, porque garante a retirada mensal do dinheiro sem que você possa interferir.

Um fato incrível que testemunhei acontecer com muitas pessoas que começaram a aplicar uma parte de seus ganhos mês após mês é que gastos desnecessários que eram aceitáveis antes passaram a ser evitados. Você começa a refletir: "Esse dinheiro que vou gastar, será que vale a pena? Será que é melhor colocá-lo em um lugar que vai me permitir um futuro mais próspero?".

Alguns devem pensar que o fato de você começar a se preocupar em aplicar dinheiro todo mês vai lhe tirar parte dos prazeres da vida. Pelo contrário: o fato de você ter reservado um valor para investir permite que você goze dos prazeres da vida sem culpa.

A primeira coisa que esse dinheiro tem de importante é que, além de permitir construir a sua liberdade financeira, vai servir em situações de emergência, como problemas de saúde. Esse dinheiro lhe permite viver com tranquilidade, sabendo que construiu um muro financeiro para proteger sua família.

Recapitulando: depois que entendemos a importância de acumular dinheiro e a maneira correta de fazê-lo mensalmente, analisamos como isso leva você à construção da sua liberdade financeira. Como já mencionei, ela acontecerá quando você tiver uma renda passiva maior do que os gastos com seu padrão de vida.

Alguns tipos de renda passiva que vou ensinar a construir são:

- Juros de suas aplicações financeiras;
- Renda de imóveis;
- *Royalties* de MMN.

É evidente que há outras maneiras, mas focarei somente esses três métodos pelo simples motivo de que minha promessa desde o início do livro é que ensinaria, na prática, como construir sua liberdade financeira. Por isso, vou focar métodos que utilizei e continuo utilizando na minha vida para a construção da minha própria liberdade financeira.

JUROS DE SUAS APLICAÇÕES FINANCEIRAS

Construir a sua liberdade financeira por meio desse método talvez seja a maneira mais simples. Talvez não a mais rápida, porém a mais simples.

CAPÍTULO 6 CONQUISTE A LIBERDADE FINANCEIRA

Quando estamos endividados, os juros altos do Brasil são destrutivos para a sua saúde econômica. Contudo, quando se trata de aplicar, os mesmos juros trabalham a seu favor.

No Brasil, as aplicações financeiras podem render muito mais que em outros países. Para ter uma ideia, hoje o Japão pratica taxas negativas!

Aplicar dinheiro no Brasil é extremamente recomendável e lucrativo. Com esse método, quando os juros mensais das aplicações bancárias forem maiores que o necessário para pagar o seu padrão de vida atual, você terá alcançado a tão sonhada liberdade financeira.

Vamos supor que as suas aplicações renderão por volta de 0,5% ao mês liquido depois de descontar inflação (tesouro direto IPCA + paga 6% ao ano acima da inflação). Nesse caso, para descobrir o valor que será necessário acumular, vamos utilizar a multiplicação por 200.

Padrão de vida × 200 = valor a acumular para construção da liberdade financeira.

Por exemplo: o custo para manter o seu padrão de vida é R$ 5.000,00 por mês. Se utilizarmos a fórmula, você precisará acumular R$ 1.000.000,00. Com 0,5% de juros mensais, você poderá manter o seu padrão de vida sem ter de trabalhar e sem mexer no seu patrimônio líquido.

Caso o custo de seu padrão de vida seja de R$ 10.000,00; utilizando a mesma conta, será necessário acumular R$ 2.000.000,00, e assim por diante.

Como você percebeu, não há nada de complicado nesse método. Mas como fazer para acumular tanto dinheiro?

Primeiro, temos de considerar que você pode não ter acumulado muita coisa nos últimos anos. Pode ser até que esteja endividado. Antes de mais nada, é necessário seguir os passos fundamentais discutidos nos capítulos anteriores.

Juntar essas quantias parece ser um sonho muito distante. Com disciplina na acumulação mensal e a força dos juros compostos (dessa vez a nosso favor), você verá que não é tão impossível.

O exemplo que vamos usar é o depósito de R$ 1.000,00 por mês. Caso não possua esse valor disponível mensalmente, comece com um menor.

Guardando esse valor mensalmente e fazendo uma conta simples (R$ 1.000.000,00 / R$ 1.000,00), serão necessários 83 anos! E isso caso você pretenda guardar dinheiro em baixo do colchão! É bastante tempo, sem dúvida, porém vamos utilizar a acumulação do dinheiro junto com o poder dos juros compostos (juros sobre juros).

Muitas pessoas têm receio de guardar o dinheiro no banco e este falir e não ter condições de devolver o valor aplicado. Nesse caso, existe o Fundo Garantidor de Crédito (FGC). Esse fundo é como um seguro para proteger os investidores. Esse seguro é acionado cada vez que um instituto financeiro registrado no Banco Central declara falência.

O FGC garante a devolução do dinheiro para todos os clientes do instituto. Só tem um problema: o valor máximo que esse fundo cobre é de R$ 250.000,00 para cada investidor.

Caso esse valor seja depositado em uma aplicação que renda por volta de 12% ao ano, a evolução de seu patrimônio aconteceria da seguinte maneira:

CAPÍTULO 6 CONQUISTE A LIBERDADE FINANCEIRA

Aplicação com depósitos regulares

Simule a aplicação com depósitos regulares

Número de meses	240,08
Taxa de juros mensal	1,000000 %
Valor do depósito regular (depósito realizado no início do mês)	1.000,00
Valor obtido ao final	1.000.000,00

Cálculo realizado no site do Banco Central do Brasil.

Utilizando a calculadora financeira oficial no site do Banco Central, vemos que levaria vinte anos para acumular R$ 1.000.000,00! Bem mais rápido que os 83 anos sem a ajuda dos juros compostos.

Juros compostos são os juros de determinado período somados ao capital para o cálculo de novos juros nos períodos seguintes.

Onde consigo juros compostos de maneira segura? O papel deste livro não é recomendar nenhuma em específico. Entre

121

BEN ZRUEL EU VOU TE ENSINAR A SER RICO

as opções: aplicar em títulos do governo por meio do Tesouro Direto ou produtos de renda fixa como CDBs (Certificados de Depósitos Bancários), fundos DI, entre outros.

A vantagem de investir no Tesouro Direto é que, além de ser muito seguro, ele oferece um bom retorno, mesmo com valores baixos.

No entanto, há mais um fator que não levamos em conta: o efeito corrosivo da inflação. Em vinte anos, esse R$ 1.000.000,00 não terá o mesmo poder de compra.

Temos várias maneiras de obter um patrimônio líquido cujo poder de compra seja equivalente a R$ 1.000.000,00 nos dias de hoje.

A primeira opção é escolher um fundo onde os juros são atrelados à inflação do tipo Tesouro IPCA (atualmente, esse título tem uma taxa anual de 6,37% acima da inflação). Obviamente, o tempo da acumulação do seu primeiro milhão vai aumentar bastante.

Aplicação com depósitos regulares

Simule a aplicação com depósitos regulares	
Número de meses	358,41
Taxa de juros mensal	0,500000 %
Valor do depósito regular (depósito realizado no início do mês)	1.000,00
Valor obtido ao final	1.000.000,00

Cálculo realizado no site do Banco Central do Brasil.

CAPÍTULO 6 CONQUISTE A LIBERDADE FINANCEIRA

O tempo da acumulação aumentou de vinte para trinta anos. Mesmo assim, ainda é um bom tempo, considerando que a maior parte das pessoas não costuma ter o primeiro milhão na conta bancária depois de trinta anos de trabalho.

Uma maneira mais eficiente de levar em conta a inflação e mesmo assim não aumentar o tempo para chegar ao objetivo é simplesmente reajustar a aplicação mensal conforme os índices da inflação. Considerando uma inflação anual média de 6%, no segundo ano você terá de aumentar a sua aplicação mensal para R$ 1060,00, e assim sucessivamente, ano após ano.

COMO PODEMOS ATINGIR A NOSSA META MAIS RÁPIDO?

O primeiro modo é simplesmente aumentando o valor da aplicação mensal. Quanto mais alto o valor aplicado, mais rápido chegaremos ao objetivo. Eu particularmente gosto muito dessa forma porque ela nos obriga a fazer duas coisas extremamente positivas: forçar a evitar gastos desnecessários e motivar a buscar fontes de ganhos (horas extras, iniciar novos negócios, entre outras).

O segundo modo é buscar uma rentabilidade maior para as aplicações. Podemos ter uma carteira de investimento mais diversificada, com vários ativos como títulos, fundos e ações.

Só peço que se lembre sempre de que **não há almoço de graça no mundo financeiro!** Sempre que conseguir aumentar sua rentabilidade, é muito provável que esteja se expondo a maiores riscos.

BEN ZRUEL EU VOU TE ENSINAR A SER RICO

RENDA DE IMÓVEIS

Há diversas maneiras de construir patrimônio utilizando imóveis. Normalmente, quando falamos de renda de imóveis, a maior parte das pessoas pensa em viver recebendo aluguel.

A questão é que essa pode ser uma missão muito longa. O motivo disso é que aluguéis de imóveis residenciais no Brasil costumam ter um retorno próximo de 0,5% ao mês. Descontando imposto de renda e taxa administrativa da imobiliária, o retorno anual é bem abaixo de qualquer aplicação financeira nos bancos.

Esse tipo de renda é muito recomendável em países de primeiro mundo, nos quais a taxa de juros básica é muito baixa. Assim, aplicações financeiras não costumam dar quase nenhum retorno para os investidores. Nesses países, existem linhas de crédito com juros muito baixos para adquirir os imóveis e os aluguéis pagos pelos inquilinos tornam esse tipo de investimento muito atrativo.

No Brasil, com taxas básicas de juros muito elevadas, essa prática, no meu ponto de vista, não é tão atrativa. Até podemos melhorar o retorno comprando imóveis comerciais, mas, na maioria das vezes, os valores desses imóveis são muito elevados.

O sistema que eu utilizei ao longo dos anos para alavancar negócios no ramo imobiliário foi comprar imóveis usados à vista, bem abaixo do preço do mercado, reformá-los e vendê-los mais caros depois de uma valorização.

Parece algo bem simples, mas é preciso alguns cuidados:

- *Você precisa acumular dinheiro*. Isso é primordial para adquirir bons negócios. Normalmente, conseguimos bons negócios em imóveis quando não existe a possibilidade

CAPÍTULO 6 CONQUISTE A LIBERDADE FINANCEIRA

de financiamento (isso ocorre com frequência quando o imóvel não possui averbação de documentos em cartórios de registro de imóveis). Por esse motivo, a pessoa preparada com o dinheiro disponível leva muita vantagem;

- *Você precisa de um profissional do ramo imobiliário (corretor/imobiliária) de sua confiança para auxiliá-lo a encontrar imóveis muito desvalorizados.* Essa é a parte mais difícil porque, na maioria dos casos, quando esse tipo de imóvel aparece para as imobiliárias, dificilmente são repassados para os clientes, porque são um negócio altamente atrativo;
- *Os imóveis procurados deverão estar por volta de 40% abaixo do preço do mercado.*

A operação exige vários custos: comissão da imobiliária, adequação dos documentos, reforma e imposto sobre o lucro imobiliário, além do tempo que o dinheiro vai ficar parado.

Por menos que isso, não valerá a pena e você simplesmente fará o seu dinheiro circular. No fim, todos ao seu redor terão lucros, menos você.

Nesse método, é possível começar com pouco dinheiro: no meu primeiro negócio imobiliário, consegui comprar um imóvel bem deteriorado por R$ 55.000,00 e investi a quantia de R$ 10.000,00 em uma pequena reforma e na adequação dos documentos. Depois de um ano, foi possível vendê-lo por R$ 120.000,00.

A grande dica é: sempre focar imóveis de baixo padrão, pois as vendas costumam ser mais rápidas.

É necessário ressaltar outro ponto muito importante. Quando você está procurando a sua "galinha-morta" (termo utilizado para um imóvel com preço bem abaixo do mercado), é necessário verificar alguns pontos:

- Terreno ou casa em região de risco ou lugar muito baixo, com possibilidade de enchentes;
- Terreno ou casa onde já há vizinhos laterais ou frontais (bar, igreja, presídio etc.) que possam ser um fator de desvalorização;
- A possibilidade de adequar a documentação perante os órgãos competentes para possibilitar uma venda passível de financiamento, uma vez que as vendas por meio de financiamento representam 70% dos imóveis negociados hoje no Brasil;
- Problemas na documentação como, por exemplo, herança. É necessário verificar se foi feito o inventário e se todos os herdeiros legais concordam com a venda do imóvel. É necessário que todos assinem a escritura de compra e venda;
- Certidões dos proprietários dos imóveis (municipal, estadual, federal, trabalhista etc.) obtidas antes de assinar a

CAPÍTULO 6 CONQUISTE A LIBERDADE FINANCEIRA

escritura de compra e venda. Por exemplo: o imóvel pode ter sido dado como garantia em alguma ação trabalhista.

Com isso, concluímos que a parceria com um ótimo profissional do ramo imobiliário é fundamental para o sucesso. Se repetir essa prática em longo prazo sem gastar o seu capital, será possível, em alguns anos, juntar capital que possa lhe permitir alcançar liberdade financeira.

Muitas pessoas me perguntam se eu recomendo comprar imóveis na planta. Essa prática fez muitas pessoas ganhar muito dinheiro nos últimos anos, aproveitando o aumento constante nos preços dos imóveis (nos últimos dez anos, a valorização dos imóveis ficou por volta de 192%). Em pleno ano de 2016, considero essa prática um pouco arriscada. A valorização dos imóveis está praticamente estagnada e vai demorar um bom tempo para voltar a subir em ritmo tão acelerado. Além disso, muitas construtoras estão sofrendo com a crise financeira do Brasil, o que pode impedir a entrega do empreendimento.

Uma opção mais segura será procurar empreendimentos já construídos que estão na fase de entrega da chave e comprar apartamentos de pessoas que adquiriram o imóvel na planta e não têm condições de entrar com financiamento (devido a mudança de local de trabalho, desemprego, separação do casal, restrição cadastral no nome, entre outros motivos). Nesse momento, é possível encontrar ótimas oportunidades de negócios e com muita segurança, tendo em vista que o empreendimento já está pronto.

BEN ZRUEL EU VOU TE ENSINAR A SER RICO

> Uma observação importante: é possível que a construtora ainda tenha alguns imóveis em carteira. Nesse caso, o investimento não é tão interessante, pois enquanto a construtora não vender todas as unidades disponíveis em carteira, não vamos ter a total valorização do imóvel.

A vantagem dessa prática é que, além de ser bastante segura, permite um investimento de capital relativamente pequeno. O valor normalmente pago até que o empreendimento fique pronto não costuma ser muito alto. Depois de pagar a parte do primeiro proprietário (que comprou o imóvel na planta), entramos com financiamento (prática aceitável em caso de investimentos, mas pouco recomendável para comprar sua casa própria; daqui a pouco vamos conversar a respeito) e deixamos o imóvel valorizar durante mais ou menos um ano. Nesse período, podemos colocar um inquilino para ajudar pagar as parcelas do financiamento. Depois, na primeira oportunidade, podemos vender e ficar com um lucro bem acima da média.

Por exemplo, um imóvel de 51 m^2 que comprei na cidade de Sorocaba estava na fase do final do empreendimento. Antes da entrega da chave, paguei R$ 45.000,00, valor que o proprietário já havia investido até o momento. Acrescentei mais R$ 15.000,00 no acabamento do imóvel e em documentação, para em seguida financiar o saldo devedor, que era de R$ 90.000,00. A partir desse ponto, coloquei um inquilino com contrato de doze meses. Desse modo, com o valor arrecadado com o aluguel, foi possível pagar as parcelas do financiamento e o condomínio. Um ano

CAPÍTULO 6 CONQUISTE A LIBERDADE FINANCEIRA

depois, vendi o imóvel por R$ 198.000,00. Paguei R$ 8.000,00 de comissão à imobiliária, R$ 6.000,00 de imposto sobre lucro imobiliário e fiquei com o valor de R$ 184.000,00.

Essa operação me rendeu um lucro de R$ 34.000,00, porém em porcentagem representou aumento de mais de 56% do meu capital inicial, ou seja, de R$ 60.000,00 para R$ 94.000,00 em praticamente catorze meses.

CONSTRUÇÃO CIVIL

Outra forma de construir a sua liberdade financeira utilizando a alavancagem que os imóveis oferecem é por meio da construção civil.

Particularmente, tenho muita afinidade com essa modalidade, porém ela é bem mais complicada do que parece e já me rendeu muitas dores de cabeça.

Muitos já tentaram a sorte na construção civil e se deram muito mal. O motivo é que a construção civil envolve inúmeros fatores e cada um deles têm o poder de atrasar, encarecer e até paralisar a obra.

Estamos falando de pedreiros, cartório de registro de imóveis, prefeituras, problemas com chuvas, instalação de água e esgoto, instalação de energia, projetos de engenharia, entre tantos outros fatores.

Por isso, alguns cuidados são necessários:

- *Comece sempre com uma construção pequena.* Não caia na tentação de tentar construir um grande empreendimento com o objetivo de diminuir custos. Um preço de aprendizagem será cobrado e não importa quanto esteja preparado, é melhor pagar valores baixos;

- *Associe-se a pessoas que já são do ramo e têm experiência com construção.* Escolha a dedo os seus parceiros e sempre utilize referências e indicações;
- *Tenha em mente que o tempo sempre será maior que o planejado;*
- *Evite construir com dinheiro emprestado.* Junte dinheiro antes de começar a construção. Em caso de atraso, os juros cobrados podem levar à falência;
- *O sucesso na construção depende da sua capacidade de criar um sistema empresarial que envolva vários profissionais competentes.* Cada um será responsável por um ou vários aspectos do projeto. Caso não tenha esse sistema montado, dê preferência para organizá-lo. Caso contrário, será obrigado a fazer tudo sozinho e, em vez de se tornar uma forma de investimento, vai se tornar seu trabalho diário. E esse não era o objetivo inicial.

Investir em imóveis requer conhecimento e experiência. Invista tempo e dinheiro para buscar esse aprendizado.

É importante lembrar ainda que o imóvel é mais uma maneira de multiplicar o dinheiro. Por isso, para tratar desse assunto, precisa agir de forma 100% racional. Você não está comprando ou construindo um imóvel porque ele é bonito e, sim, porque ele vai gerar lucro.

FINANCIAR A CASA PRÓPRIA VALE A PENA?

O sonho de ter a casa própria faz parte da cultura brasileira. Isso talvez se deva ao fato de que, no passado, a inflação no Brasil era muito fora de controle e imóveis eram, naquela época, uma das poucas maneiras de segurar o valor do seu dinheiro.

CAPÍTULO 6 CONQUISTE A LIBERDADE FINANCEIRA

Será que hoje, com economia bem mais estável e com taxas de juros anuais em torno de 6%, esse sonho continua valendo? Será que pagar aluguel é realmente "jogar dinheiro fora", como muitos costumam dizer?

Vamos analisar juntos os seguintes fatos: a taxa básica no Brasil (taxa Selic) é uma das maiores do mundo. Por exemplo, nos Estados Unidos, ela é 0,25%; nos países da Europa, é de 0,5%. No Brasil, contudo, está desde 2013 acima de 10% a.a.! **Isso é ótimo para quem aplica o dinheiro. Mas é péssimo para quem pretende utilizar o financiamento.**

Podemos colocar aqui vários argumentos a favor e contra a aquisição da casa financiada. Meu papel não é tomar a decisão, mas sim mostrar na ponta do lápis os resultados das suas escolhas. *A decisão final é sua.*

Vamos pegar como exemplo a compra de dois imóveis nos valores de R$ 250.000,00 e R$ 750.000,00.

No caso do imóvel no valor de R$ 250.000,00, vamos conseguir financiar no máximo 80% do seu valor (atualmente, é possível até que o banco não aceite financiar mais do que 70%). Para adquirir o imóvel, vamos precisar de capital próprio para oferecer 20% de entrada, o que representa o valor de R$ 50.000,00.

Fazendo uma simulação de financiamento no site da Caixa Econômica Federal (banco que costuma ter as melhores taxas no mercado) em abril de 2016, pude constatar que o valor dos R$ 200.000,00 financiados com juros efetivos de 10% a.a. + TR (Taxa de Referência), usando sistema de amortização SAC, gera um resultado de prestações iniciais no valor de R$ 2.219,08 para os próximos trinta anos (360 meses). Durante esse período, esse financiamento vai se transformar em uma dívida no valor total de R$ 512.170,44!

BEN ZRUEL EU VOU TE ENSINAR A SER RICO

Caso você escolha não apressar a compra da casa própria e decida continuar morando e pagando aluguel nos anos seguintes, poderá conseguir um financeiro totalmente diferente.

Vamos supor que você escolha morar de aluguel exatamente na mesma casa que gostaria de comprar, no valor de R$ 250.000,00. O aluguel dessa casa costuma ser por volta de R$ 1.250,00, o que representa 0,5% do valor da casa (R$ 250.000,00 × 0,5%). Quanto maior o valor da casa, menor esse percentual tende a ser.

Em vez de adquirir o imóvel e pagar a prestação de R$ 2.219,08, teremos uma sobra de R$ 969,00 (valor da parcela menos o valor do aluguel).

Vamos investir essa sobra em uma aplicação financeira que vai nos render cerca de 0,5% ao mês líquido descontada a inflação (o Tesouro Direto IPCA, por exemplo, está pagando mais de 6,37% acima da inflação nos dias atuais), após doze anos teremos a quantia de R$ 204.653,59.

Aplicação com depósitos regulares

Simule a aplicação com depósitos regulares	
Número de meses	144
Taxa de juros mensal	0,500000 %
Valor do depósito regular (depósito realizado no início do mês)	969,00
Valor obtido ao final	204.653,69

Cálculo realizado no site do Banco Central do Brasil.

Não podemos esquecer os R$ 50.000,00 de entrada que precisavam ser pagos caso a escolha fosse pela compra da casa.

CAPÍTULO 6 CONQUISTE A LIBERDADE FINANCEIRA

Colocamos esse valor na mesma aplicação e teremos depois de doze anos (144 meses) o valor de R$ 102.537,54!

Valor futuro de um capital

Simule o valor futuro de um capital	
Número de meses	144
Taxa de juros mensal	0,500000 %
Capital atual (depósito realizado no início do mês)	50.000,00
Valor obtido ao final	102.537,54

Cálculo realizado no site do Banco Central do Brasil.

Juntando os dois valores, terá na sua conta bancária a quantia de R$ 307.191,23 (R$ 204.653,69 + R$ 102.537,54). O valor é suficiente para comprar o seu imovel à vista (lembrando que esse valor é líquido, depois de descontar a inflação). Às vezes, nem será necessário aguardar os doze anos porque, com dinheiro em mãos, como já mencionado anteriormente, é possível encontrar ótimas oportunidades no mercado.

Achou interessante ter a sua casa quitada depois de doze anos em vez de trinta? Mas ainda não acabou! Depois de doze anos adquirindo a disciplina para poupar todo mês, você não vai parar agora, correto?

Vamos continuar aplicando mês após mês, porém sem o aluguel para pagar, então podemos aplicar o valor total daquilo que seria a prestação da nossa casa, os R$ 2.219,08.

Preste atenção no que acontece com a simples disciplina de aplicar mês após mês. Depois de dezoito anos (concluímos os trinta anos que totalizariam o financiamento originalmente), teremos o valor de R$ 863.865,57!

Aplicação com depósitos regulares
Simule a aplicação com depósitos regulares

Número de meses `216`

Taxa de juros mensal `0,500000` %

Valor do depósito regular
(depósito realizado no início do mês) `2.219,08`

Valor obtido ao final `863.865,57`

Cálculo realizado no site do Banco Central do Brasil.

Que tal viver com 0,5% desse valor, R$ 4.319,00, todos os meses? Resumindo:

- Primeira opção: comprar o imóvel e pagar R$ 50.000,00 de entrada e mais R$ 512.170,44 nos trinta anos seguintes. No fim, terá o seu imóvel velho e nenhum tostão no banco;
- Segunda opção: viver de aluguel hoje e daqui a doze anos ou menos comprar o imóvel à vista, e daqui a trinta anos ter o seu imóvel velho + R$ 863.865,57 no banco.

Você escolhe. Não quero influenciar a sua decisão!

Ficou impressionado? Vai ficar ainda mais. Vamos fazer a mesma simulação, mas desta vez considerando o imóvel de R$ 750.000,00. Utilizamos as mesmas condições do exemplo anterior, dando 20% de entrada, agora no valor de R$ 150.000,00.

CAPÍTULO 6 CONQUISTE A LIBERDADE FINANCEIRA

Financiar R$ 600.000,00 pela Caixa Econômica Federal com as mesmas condições que utilizamos no exemplo anterior (com juros efetivos de 10% a.a. + TR usando sistema de amortização SAC), temos um resultado de prestações iniciais no valor de R$ 6.603,66 para os próximos trinta anos (360 meses).

O valor total a ser pago pelo financiamento será de R$ 1.513.384,84!

Resolvendo alugar em vez de comprar, estará pagando aluguel de R$ 3.750,00 (0,5%), o que gera a diferença de R$ 2.853,66 em relação à parcela do financiamento.

Se investirmos essa quantia nos próximos doze anos, teremos o valor de R$ 602.695,50. Colocamos também em aplicação os R$ 150.000,00 que seriam nossa entrada e teremos, depois de doze anos, R$ 307.612,62. Com a soma das quantias, teremos R$ 910.308,22.

Nesse momento, podemos comprar a nossa casa à vista.

Como no exemplo anterior, o jogo não acaba: depois de comprar a nossa casa, vamos continuar aplicando, dessa vez, porém, o valor integral da parcela de R$ 6.603,66 pelos próximos dezoito anos. Isso dará um valor – fique sentado, por favor – de R$ 2.570.738,54!

Essa quantia pode nos proporcionar uma renda passiva de R$ 12.853,00 ao mês! Tudo isso utilizando apenas 0,5% do valor. Assim, podemos manter o capital principal intacto.*

Tenho certeza de que você ficou impressionado com esses números, mas agora vem a hora da verdade. "Eu não tenho a disciplina de guardar dinheiro caso não tenha uma prestação para pagar." Infelizmente, esse é o pensamento da maioria das

---

* Todos os valores são líquidos após o desconto da inflação!

pessoas. No futuro, você quer estar sentado na sua casa vivendo de uma aposentadoria medíocre? Realmente acredita que essa desculpa vai consolá-lo? Ou será que vale a pena, custe o que custar, adquirir esse hábito de aplicar parte do dinheiro todos os meses e no futuro ter uma vida de sonhos com liberdade financeira?

ROYALTIES DE MMN

O MMN, conhecido como Marketing Multinível ou Marketing de Rede, nasceu nos Estados Unidos na década de 1930. Hoje em dia, a venda direta no mundo tem um faturamento de aproximadamente 200 bilhões de dólares, e mais da metade desse valor vem de faturamento de empresas de MMN.

O Brasil ocupa atualmente o quinto lugar mundial em volume de vendas diretas.

> ## "Marketing Multinível é a melhor opção de negócio no ano de 2016."
>
> Roberto Shinyashiki

MMN é um modelo comercial de distribuição de produtos em que os consultores ou distribuidores da empresa são remunerados não apenas pela venda direta, como em outras empresas, mas também recebem comissões em forma de *royalties* e bônus pela

CAPÍTULO 6 CONQUISTE A LIBERDADE FINANCEIRA

produção da rede de distribuidores que formaram. Por isso, não há limite nas possibilidades de ganhos, pois eles serão proporcionais ao tamanho da rede e à quantidade de produtos que ela comercializa no mercado.

Enxergo algumas vantagens nesse tipo de negócio que podem nos ajudar na construção da nossa liberdade financeira.

Não há necessidade de grandes investimentos, como uma franquia ou um imóvel, ou seja, ele permite que qualquer pessoa comece, independentemente das condições financeiras atuais.

Outra vantagem é que a atividade pode ser realizada em tempo parcial, paralelamente à atividade profissional. Esse modelo de negócio não requer nenhuma experiência comercial prévia, pois a maioria das empresas realiza cursos e palestras para desenvolvimento pessoal e profissional dos consultores, trabalhando assuntos como liderança, comunicação, administração financeira, organização, desenvolvimento pessoal e financeiro, entre outros. Sou suspeito para falar porque minha formação profissional e parte da minha liberdade financeira aconteceram graças a uma empresa de MMN.

Associar-se a uma empresa de MMN pode nos permitir alcançar mais depressa a liberdade financeira por dois motivos. O primeiro é que os ganhos são imediatos pela comercialização dos produtos, o que nos permite ter uma renda adicional que pode ser direcionada para acelerar nosso plano de viver dos juros de nossas aplicações financeiras. O segundo motivo é a construção de uma rede de distribuição grande e sólida, que permite ganhos altíssimos, por formar uma rede de pessoas que comercializam os produtos e atendem os clientes. Isso gera um volume alto de vendas, pelo qual você será comissionado com os *royalties* e bônus.

BEN ZRUEL EU VOU TE ENSINAR A SER RICO

"Se eu perdesse tudo e tivesse que recomeçar, buscaria uma grande oportunidade em MMN para construir fortuna novamente."

Donald Trump, no livro
Nós queremos que você fique rico

Para escolher uma empresa de MMN no Brasil, é preciso estar atento a vários pontos:

- É uma empresa sólida e com forte suporte financeiro? Você quer construir a sua liberdade em uma empresa que vai continuar a existir no mínimo nos próximos cinquenta anos;
- Ela deve ter no mínimo dez anos no mercado mundial;
- É recomendável que o faturamento anual da empresa seja de mais 1 bilhão de dólares, pois isso aponta maior estabilidade;
- Quais produtos a empresa comercializa? Tem demanda real no mercado? Você usaria para o resto da sua vida? Qual a duração do produto? Gera vendas repetidas e rápidas? Produtos ligados ao bem-estar e saúde costumam ter crescimento contínuo;

CAPÍTULO 6 CONQUISTE A LIBERDADE FINANCEIRA

- E o plano de compensação da empresa é baseado na venda contínua dos produtos mês após mês? Uma empresa séria de MMN se autossustenta sem entrada de distribuidores novos e, sim, com comercialização dos produtos.

PIRÂMIDES × MMN

Não posso terminar o capítulo sem ressaltar a confusão que muitas pessoas fazem entre MMN legítimos e esquemas de pirâmide financeira disfarçados de MMN.

O primeiro ponto de extrema importância a destacar é que enquanto o MMN é uma atividade legal, que gera riquezas e impostos para o país, e associada a ABEVD (Associação Brasileira de Empresas de Vendas Diretas), as pirâmides são ilegais. Nesses esquemas, não há produtos ou serviços reais.

As pirâmides têm prazo de validade curto, sustentam-se com a entrada de novas pessoas, que normalmente investem dinheiro, sem ter um produto real de consumo. Quando os associados percebem o esquema fraudulento, ninguém mais vai quer entrar e aí tudo vai por água abaixo em questão de dias. Já no marketing multinível, mesmo que ninguém mais entre na rede, a empresa continua gerando receitas por meio da venda de produtos.

"As pessoas mais ricas do mundo constroem rede, e todas as outras procuram emprego."

Robert Kiyosaki

As três formas de gerar renda que mostrei neste capítulo (aplicações financeiras, imóveis ou *royalties* de uma empresa de MMN) são possíveis para qualquer pessoa, porém como tudo neste mundo, essas formas requerem tempo, dedicação e paciência. *Paciência para dar o seu melhor.* É preciso ter consciência de que construir uma grande fortuna ou uma grande organização é algo que leva tempo e precisa de muita dedicação.

Prometo que vai valer a pena, não importa quão longe você esteja do seu objetivo. Comece hoje a dar o primeiro passo em direção a sua liberdade financeira.

"Uma jornada de mil quilômetros começa com o primeiro passo."

Lao Tzu

Quero terminar o capítulo compartilhando com vocês a história da minha irmã Liza, de quem tenho orgulho:

"Tudo começou por causa do meu irmão sonhador. Às vezes, a gente o chamava de 'o irmão que vive no filme'. Toda vez que ele vinha para Israel, falava sobre a importância de começar a poupar e a pensar em como se tornar rico para nunca precisar depender de ninguém. Chamava isso de liberdade financeira.

Parecia um sonho, um doce sonho. Mas isso é exatamente o que ele era: um sonhador. O meu marido e eu dissemos claramente que

CAPÍTULO 6 CONQUISTE A LIBERDADE FINANCEIRA

ele poderia sonhar, do seu escritório em algum lugar no Brasil, pois é solteiro e não sustenta ninguém. Nós, um jovem casal que tinha se casado havia pouco tempo, morando num apartamento pequeno, com um salário baixo, um bebê pequeno e grandes dívidas, mal conseguíamos terminar o mês. Aí ele vinha e falava sobre liberdade financeira.

Que liberdade é essa? A única liberdade que a gente tinha era de decidir onde almoçaríamos no sábado, com os meus pais ou com os meus sogros. Ou nem isso, pois havia uma ordem e não queríamos ofender ninguém...

Assim, cada vez que meu irmão vinha nos visitar, sonhávamos entusiasmadamente, mas quando o avião dele decolava, sentíamos que os nossos sonhos voavam junto e acordávamos para a realidade e o trabalho do dia a dia.

Um dia, aconteceu. Não está claro exatamente o que causou isso, talvez a insistência do meu irmão, mas algo em nós amadureceu. Olhamos em volta e percebemos que estávamos trilhando o mesmo caminho que nossos pais, trabalhando a vida toda para terminar com uma pequena aposentadoria que mal dava para sobreviver. Percebemos que não queríamos viver assim. Queríamos algo diferente, que quando parássemos de trabalhar, pudéssemos viver com dignidade.

De lá para cá, compreendemos o significado da liberdade financeira e mesmo que ainda não tenhamos entendido tudo o que meu irmão ensina, estamos tentando fazer exatamente o que ele diz, pois queremos conquistá-la.

Até então, olhávamos nossos salários e analisávamos como poderíamos dividi-lo o suficiente para arcar com as despesas do mês. A partir de então, olhamos o nosso salário e perguntamos como podemos arcar com todas as despesas, mas também deixar uma parte para investir em algo que dará retorno.

BEN ZRUEL EU VOU TE ENSINAR A SER RICO

Se por aí nos ensinam que o comportamento econômico apropriado é que as receitas devem ser suficientes para as despesas, aprendemos que as receitas devem ser suficientes para pagar as despesas mais os investimentos.

Percebemos que podemos abrir mão de uma roupa nova, da viagem ou de uma pequena reforma na casa, afinal não fazem parte do objetivo no momento. O objetivo é a liberdade financeira, o resto é apenas distração no caminho.

Então, aqui está a nossa receita: um emprego ou negócio rentável que lhe dará a confiança e o poder de pagar as despesas. Você vai economizar uma parte cada mês até que dê o primeiro passo. Vai demorar um mês, dois meses, um ano ou cinco anos, mas ele virá. Então, você compra uma pequena propriedade. E uma vez que comprou, vai continuar a fazer a mesma coisa e pensar em outra propriedade. Enquanto isso, o primeiro investimento pode valorizar o suficiente para lhe permitir comprar outro. Talvez você possa comprar algo barato e bem velho, reformar e vender. Talvez você possa investir em ações. O mais importante é encontrar o que funciona para você. Nós escolhemos propriedades, compramos uma e depois outra. Nosso objetivo é ter dez imóveis, igual à quantidade de dedos em nossas mãos. E quando chegarmos lá? Não se esqueça de que podemos contar também os dedos dos pés...

Hoje, posso dizer que estamos no caminho para a nossa liberdade financeira e posso dizer isso com orgulho. Shlomi e eu fizemos isso com muito suor e trabalho.

Somos de classe média, mas escolhemos quebrar o teto de vidro da nossa classe. Ele começou a rachar, e tenho fé de que no fim vai quebrar por inteiro e vamos conquistar o próximo nível, o nível da liberdade financeira. Não há nada maior do que isso. Não há nada mais desejável. Meu dia a dia é difícil porque levanto muito cedo. Quando enfrento

CAPÍTULO 6 CONQUISTE A LIBERDADE FINANCEIRA

desafios no trabalho ou estou exausta de tanto trabalhar, fecho os olhos e penso sobre isso, sorrio e relaxo. Eu continuo a bater no vidro até que se quebre e eu possa chegar aonde eu quero.

Você pode estar se perguntando: 'E agora, vocês já tem liberdade financeira?' E eu vou te responder: 'Ainda não, mas certamente estamos chegando.'

Hoje o sonho está mais perto do que nunca, graças a um irmão sonhador."

CAPÍTULO 7

EM DOZE MESES, VOCÊ PODE MUDAR TUDO – NÃO IMPORTA O TAMANHO DA DÍVIDA

Chegou a hora da *decisão*!

Sim, já aprendemos as *regras do jogo*. Discutimos a diferença entre a mentalidade de cada classe social, como empatar o jogo e quitar as dívidas e chegamos à conclusão de que, para conquistar a liberdade financeira, precisamos adotar a mentalidade dos ricos e construir nossos *royalties* e lucros.

Neste momento, você tem o poder de escolher entre tomar uma atitude e colocar em prática tudo o que aprendeu ou ficar paralisado. Não há mais tempo a perder: a mudança precisa acontecer *agora*!

Eu sei que você quer mudar. Pode ser que esteja desesperado por uma mudança, mas pode estar sem forças para dar o primeiro passo. Pode ser ainda que esteja diante do pior inverno financeiro que parece não ter fim, e se questiona se é realmente capaz de ter a tão sonhada liberdade financeira.

Eu gostaria de estar na sua frente, olhar nos seus olhos e dizer: você é capaz de conquistar tudo o que desejar neste mundo. Acredite!

Vou te contar uma história que aconteceu comigo, logo após dois anos da minha chegada ao Brasil. Acredito que lhe servirá de inspiração.

Era uma quarta-feira. Eu estava em um evento em São Paulo. Naquela época, eu morava na periferia de Osasco, em uma casa bem simples, e tinha conseguido comprar alguns móveis. Para você, que vive no seu país, isso parece algo simples e óbvio, mas até então eu não tinha nada.

Por volta das 23:30, eu voltava para minha casa e percebi que o portão estava aberto. Entrei e, como em um golpe, vi que roubaram praticamente a minha casa inteira: os poucos móveis que eu tinha e os produtos da minha empresa, que me traziam o sustento através da venda. As únicas coisas que sobraram foram as roupas estendidas no varal.

Recordo-me como se fosse hoje. Começou a chover e eu estava lá, olhando para aquela cena, que parecia um filme e não a minha própria vida. Eu não conseguia acreditar!

Naquele momento, eu estava pior do que no dia em que cheguei ao Brasil. Eu estava na estaca zero novamente, sem dinheiro, sem produtos e sem clientes.

Naquele momento, uma única pergunta passava pela minha cabeça: "E agora?"

Talvez você, leitor, também não esteja no melhor momento da sua vida, com dívidas e sonhos frustrados. Naquele momento da minha vida, eu tinha duas opções. Uma delas é a de que eu poderia ter desistido, voltado para Israel e acreditado que o sonho de vir para o Brasil e construir a minha liberdade financeira era apenas uma ilusão.

Ninguém da minha família me culparia por essa decisão. Pelo contrário: quando soubessem das minhas dificuldades e de tudo o que passei nos primeiros dois anos, com certeza compreenderiam o motivo da minha renúncia e provavelmente sentiriam muita pena.

Posso até imaginar a cena: depois de voltar para Israel, eu, na mesa do jantar com a minha mãe, contando todos os desafios desses dois anos no Brasil, as dificuldades para me adaptar com a língua e

CAPÍTULO 7 EM DOZE MESES, VOCÊ PODE MUDAR TUDO
– NAO IMPORTA O TAMANHO DA DÍVIDA

compreender o que as pessoas falavam, dividir apartamento para diminuir o custo da moradia, a geladeira apenas com água, comer pão francês e *shakes* por muitos dias seguidos porque era mais barato.

Tenho certeza de que minha mãe passaria a mão na minha cabeça, me consolaria e diria que eu tinha feito tudo o que podia, que a culpa não era minha, que a vida não era justa e que realmente ser estrangeiro sozinho em um país não era fácil.

Eu provavelmente me sentiria bem naquele momento, afinal, nós, seres humanos, temos a tendência de nos sentirmos bem quando os outros sentem pena de nós e compreendem as nossas desculpas. Essa sensação de coitadinho é temporária, dura alguns minutos ou no máximo algumas horas, não mais.

E depois do jantar, como seria minha vida? Eu acordaria no dia seguinte para a mesma realidade de antes de vir para o Brasil. Nada haveria mudado.

Hoje, você pode estar enfrentando o inverno mais rigoroso da sua vida, sem conseguir enxergar uma saída, sem forças para fazer as mudanças. Talvez esteja com muitas dívidas, contas atrasadas, recebendo ligações ameaçadoras das empresas de cobrança... Tudo isso abala nosso emocional e nossa confiança, mas agora é justamente a hora de entrar em ação.

Meu objetivo é encorajá-lo a vencer, ter as atitudes necessárias para ganhar esse jogo, e não passar a mão na sua cabeça e concordar que você é um coitado, porque você não é. Não importa se o inverno está forte e longo demais, acredite que você vai vencer, entre em ação, porque como diz Jim Rohn, o maior filósofo de negócios de todos os tempos: "Depois do inverno, vem a primavera; depois da noite escura, vem o nascer do sol".

Eu acredito do fundo do meu coração que você é capaz de entrar em ação agora e mudar a sua história.

A segunda opção que eu tinha era a opção que você também tem neste momento, que é a de seguir este pensamento: "Apesar de tudo, não importa quanto minha situação esteja complicada, não importa que ninguém queira me ajudar, não importa nada. Eu vou conseguir, e não tem nada neste mundo que vá tirar o meu sonho de mim. Vou mudar tudo o que for necessário para buscar a vida que minha família e eu merecemos!".

Essa decisão de recomeçar é, apesar de tudo, o ponto em que muitas pessoas desistem. A escolha não garante que o caminho será fácil. Começar a administrar o dinheiro de maneira diferente não é fácil. Enfrentar as cobranças dos bancos não é fácil. O caminho da mudança muitas vezes será recheado de novas provas e até de muitas desaprovações da sua família e da sociedade.

A única maneira de chegar à luz será passando por todo esse caminho escuro. Essa mudança que, durará doze meses, será muito importante na sua vida.

Garanto que você se tornará uma pessoa melhor, mais preparada, mais sensata, mais consciente da sua realidade e tomará as decisões coerentes com seus sonhos e seu padrão de vida. Será uma pessoa forte, capaz de guiar outros pelo mesmo caminho.

Persistir apesar de tudo nos permite ganhar o direito de triunfar. Saber que merecemos a vida que temos, sentir a sensação de ser um vencedor, isso nos dá orgulho e faz tudo valer a pena.

A sensação de pena dura alguns minutos. O orgulho de si mesmo dura para sempre!

CAPÍTULO 7 EM DOZE MESES, VOCÊ PODE MUDAR TUDO
– NAO IMPORTA O TAMANHO DA DÍVIDA

A seguir, quero compartilhar a história de meus amigos Marcos e Mariana. Acompanhei a trajetória deles nos últimos anos, presenciei o pior inverno da vida deles, mas também tive a honra de fazer parte da recuperação e do caminho deles para a liberdade financeira.

"Eu, Marcos, e minha esposa moramos em Sorocaba e éramos empresários com uma clínica de fisioterapia que atendia 150 pacientes por dia e empregava dezenove funcionários. A clínica estava indo muito bem desde o início e todos os meses essa atividade gerava bastante lucro. Sempre tivemos hábitos de consumo e de administração financeira muito errados e dificilmente planejávamos o amanhã. Aproveitando a boa maré da clínica, decidimos concluir a construção da nossa casa, no mesmo momento em que adquirimos um carro de luxo com parcelas altas. Nessa época, a minha esposa passou por uma cirurgia e fomos obrigados a gastar muito dinheiro com despesas médicas! Nossa vida deu uma reviravolta quando a clínica entrou em dificuldades financeiras. A situação chegou a um ponto em que não tinha outra saída a não ser fechá-la. Ficamos com muitas dívidas e sofremos vários processos trabalhistas. Fiquei negativo em três bancos e com quatro cartões de crédito com limite estourado. Meu nome foi para o Serasa. Tentei amenizar a dívida em um dos bancos com dinheiro que peguei emprestado da minha irmã. Como não conhecia a regra do tudo ou nada, esse valor foi engolido dentro da conta negativada e a dívida continuou crescendo. E então estava devendo também para a minha irmã. Nesse período, os bancos começaram a ligar cobrando, ameaçando confiscar bens que eu nem tinha.

Infelizmente, não tivemos orientação de alguém com experiência sobre o que deveria ser feito e entramos em desespero, sem ânimo nenhum para trabalhar e produzir. Nossa família também não teve condições de nos ajudar. Passamos por muitas dificuldades, até para o básico. Nesse momento, nosso amigo Ben Zruel percebeu o nosso desespero e me perguntou o que estava acontecendo. Quando contei a ele toda a situação, ele me orientou sobre as regras do jogo e como agir.

BEN ZRUEL EU VOU TE ENSINAR A SER RICO

O primeiro passo foi saber qual é o nosso custo de vida. Sabendo isso, passei a viver em um padrão abaixo do que ganhávamos.

Outra orientação foi para nunca pagar o mínimo do cartão. Ou paga tudo, ou não paga nada e negocia depois. Paramos de criar novas dívidas com renegociações e nos concentramos em produzir e ganhar dinheiro para guardar. Depois de certo tempo, eu já possuía dinheiro para começar a negociar as dívidas.

Comecei pelos processos trabalhistas. Dois anos depois das audiências, as dívidas de R$ 150.000,00 já estavam no valor de R$ 358.000,00. Na negociação, expliquei que eu não tinha mais dinheiro e aquilo que eu estava oferecendo era tudo o que eu tinha. Caso eles não aceitassem, eu pagaria outras dívidas. Consegui chegar a um acordo e a dívida reduziu em 80%. Com os bancos, a dívida inicial era de pouco mais de R$ 20.000,00. Depois de dois anos e meio, o valor já havia ultrapassado R$ 86.000,00. Ofereci R$ 2.000,00. O atendente no banco me respondeu: "Se o senhor conseguir R$ 7.000,00, nós podemos fechar o acordo". Falei que não tinha mais dinheiro e saí da agência. Em duas horas, o atendente me ligou dizendo: "Com R$ 2.000,00 fica inviável, o senhor não consegue mais R$ 500,00?". Voltei para agência e quitei a dívida!

Assim, comecei a negociar com os outros bancos e cartões de crédito e quitei um por um. Não foi fácil. Fiquei com o nome sujo, sem crédito, mas aprendi a comprar tudo à vista. Demorou um tempo para resolver tudo, mas de dois anos pra cá, já reformei minha casa que ficou seis anos abandonada e, no mês passado, comprei um carro importado, mas dessa vez, paguei à vista!

Compartilhei essa história para você ter certeza de que não importa como a sua situação está hoje. Coloque em prática os ensinamentos deste livro e, daqui a algum tempo, poderá compartilhar sua história e inspirar outras pessoas a vencer como você!

CAPÍTULO 8

A LIBERDADE DE VIVER SEM PRECISAR TRABALHAR NÃO É UM SONHO IMPOSSÍVEL

Chegamos ao final do livro e também ao final da minha história. Ela começa e termina com uma escolha que fiz há dezoito anos: a *escolha de decidir qual seria o rumo da minha vida*. Escolhi entre ser aquele que tentou e teria mil desculpas por não ter conseguido ou aquele que conseguiu, apesar de tudo, e tem mil histórias para contar.

Resolvi ser aquele que conseguiu, apesar de tudo!

Este livro nasceu depois de muitos anos de trabalho árduo, anos após chegar a um país novo, sem saber a língua local. Houve dias em que não tive onde morar. Dias em que passei só com água na geladeira, sem poder contar com a minha família, que estava do outro lado do mundo. Eu tinha mil explicações para justificar por que não conseguiria, mas decidi que, apesar de tudo, eu iria conseguir.

Minha mãe me contou que não existem sonhos. Para ela, sonhos são bonitos, mas só servem para imaginar. Não há nenhum propósito neles, já que depois de sonhar acordamos para mais um dia de trabalho, escassez e dívidas. Eu acredito que ela tem um pouco de razão, mas só um pouco.

Porque sonhos existem! Eu sonhei! A base deles é trabalho duro, persistência e disciplina. No final, podemos *sim* realizá-los. Essa é a essência do que tentei ensinar para você neste livro.

Antes de terminar, quero que você visualize seu sonho e, no fim, faça uma escolha.

Imagine a primeira opção: você continua sua vida da mesma maneira que viveu até hoje, no mesmo trabalho, com os mesmos ganhos. Pode ser que seja promovido, pode ser que não. Talvez sobre algum dinheiro no final do mês, mas é provável que não.

Você acaba gastando tudo o que ganha, afinal, como dizem, "só se vive uma vez". Insiste em comprar tudo parcelado, acreditando que nunca será demitido, afinal, esse tipo de coisa só acontece com os outros.

Pensar sobre o futuro e construir sua liberdade começa a parecer algo bem distante.

Os planos de colocar os filhos em uma boa escola? Infelizmente parece que essas escolas foram construídas para os filhos dos outros.

Férias em lugares exóticos, conhecer o mundo: para quê? Viajar uma vez por ano com a família para a praia já dá trabalho suficiente. E assim, você vai se convencendo de que a vida dos sonhos é apenas um sonho. De que viver na corrida dos ratos com uma aposentadoria medíocre é um destino e não uma escolha.

As palavras de Jesus "Eu vim para que tenham vida e a tenham em abundância" não estavam se referindo a você, apenas aos outros.

Agora, imagine a segunda opção: você continua trabalhando no mesmo lugar. Talvez mude para um lugar onde possa ganhar mais. Com muita coragem, toma algumas decisões muito dolorosas, porém essenciais. Compreende que se trata de uma decisão temporária. Passa a não comprar tudo o que seus filhos desejam. Talvez faça menos passeios em família do que gostaria. Comer em restaurantes passa de algo rotineiro a raro. Começa a pagar

CAPÍTULO 8 A LIBERDADE DE VIVER SEM PRECISAR
TRABALHAR NÃO É UM SONHO IMPOSSÍVEL

tudo à vista e deixa de trocar de carro com tanta frequência. Muitos vão criticá-lo, chamando-o de pão-duro, mão-de-vaca. Vão dizer que não sabe aproveitar a vida. Também poderá ouvir coisas como "onde já se viu, ganhar tanto e viver com tão pouco?". Mas você não se importa, porque sabe exatamente aonde quer chegar. Todos os meses, investiu e teve a satisfação de poder acompanhar o patrimônio aumentar mês após mês. Você sente que o medo de um futuro de incertezas está diminuindo. A sensação de não saber como será o dia de amanhã foi trocada pela ansiedade de querer ver o amanhã chegar logo, pois o dia de amanhã promete, já que no seu amanhã há a vida de abundância, em que o dinheiro não é mais o seu patrão, e sim o seu funcionário.

Nessa vida, você terá a casa dos seus sonhos e todos os bens materiais serão pagos à vista. Seus filhos poderão estudar nas melhores escolas, nas melhores faculdades, afinal, o dinheiro para isso já está garantido há muito tempo.

Você continua trabalhando porque trabalhar faz parte de viver, porém não é mais por obrigação e, sim por inspiração, por saber que a vida é muito mais bela quando acordamos porque queremos.

A frustração de ter passado a vida toda vendo tanta injustiça no mundo passa a ser substituída pelo orgulho de poder fazer diferença na vida dos outros.

Agora, pode ajudar e contribuir com a vida de crianças carentes, doando tempo, dinheiro e amor.

Nesse momento, você está no avião voltando de três semanas de férias dos sonhos com sua família. Férias que passaram tão depressa. Na verdade, você havia planejado somente duas semanas, mas no meio, decidiu acrescentar um cruzeiro de uma semana para o Caribe. Agora, no caminho para casa, vocês estão na dúvida sobre o próximo destino. Virou um hábito planejar as próximas férias ainda no avião de volta para a casa. Essa escolha já não é tão fácil como antes, porque vocês já visitaram metade do mundo. Quem sabe chegou a hora de visitar a Tailândia ou talvez a Índia? Que escolha difícil! O sorriso não sai do seu rosto e você percebe que vive o sonho. Quando se casou, você prometeu a Lua para a sua esposa ou marido, mas na realidade não sabia como conseguiria, até tomar a decisão corajosa que mudaria sua vida. E agora, neste momento, a Lua é de vocês (ou quase).

Este livro é o resumo da minha vida. Uma escolha pessoal que fiz um bom tempo atrás. Aqui, fecho o círculo da minha vida e dou na sua mão o presente do poder da escolha. Está em suas mãos o poder de escolher como será sua vida nos próximos cinco, dez, vinte anos...

Nestas páginas, você tem a receita simples e vencedora, a receita fácil de aplicar que vai levá-lo passo após passo até a liberdade financeira.

Nossa vida é feita de escolhas. Algumas são mais conscientes, outras, menos. Eu lhe ofereço a decisão consciente de mudar a sua vida com as próprias mãos. *Deixo para você o poder de escolher viver o sonho.*

A opção de escolher ser aquele que tentou e tem mil desculpas para explicar por que não conseguiu, ou aquele que conseguiu, apesar de tudo, e tem mil histórias para contar!

Decida fazer parte daqueles que conseguiram. Apesar de tudo.

Este livro foi impresso
pela gráfica Assahi
em papel lux cream 70g.